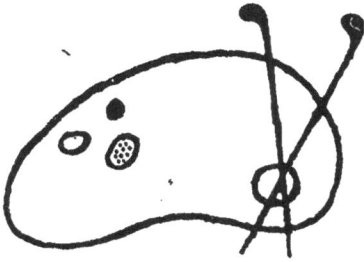

Début d'une série de documents
en couleur

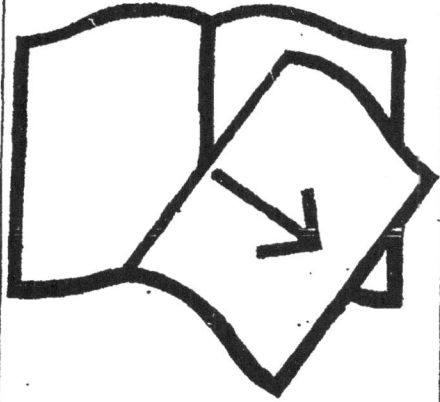

Couverture inférieure manquante

Le Secret
des Changes

1895.

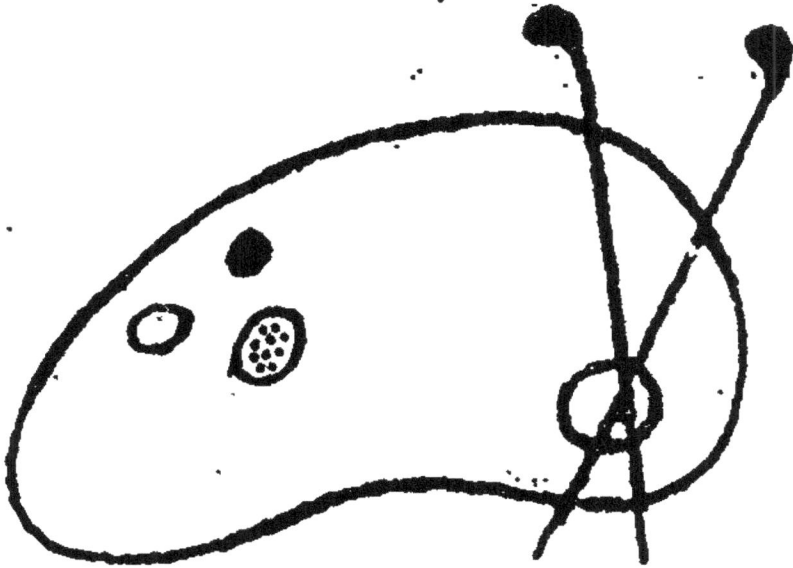

Fin d'une série de documents
en couleur

LE
SECRET DES CHANGES

MARQUIS DE MORÈS

LE

SECRET DES CHANGES

Avec une Introduction

Extraite de la Revue d'Etudes Sociales le XXme Siècle

EXTRAIT DU « XXme SIÈCLE »

MARSEILLE

IMPRIMERIE MARSEILLAISE

Rue Sainte, 39

1894

TABLE DES MATIÈRES

QUELQUES MOTS D'INTRODUCTION

L'ÉTUDE monétaire du marquis de Morès qui se trouve publiée ici, sous le titre *Le Secret des Changes*, reproduit les idées développées il y a quelques mois, à Alger, dans le grand meeting populaire dont le XXme Siècle a rendu compte (1).

L'importance et l'actualité du sujet, le caractère et le style de l'auteur suffiraient à assurer l'intérêt de cette publication. Mais, en outre, le travail de M. de Morès se recommande incontestablement par la valeur originale du fond. La thèse de la réhabilitation monétaire du métal-argent s'y trouve présentée avec des caractères bien distincts des théories et des agitations ordinaires en faveur de la frappe libre de l'argent : elle est plus *scientifique* et plus *juridique*.

M. de Morès n'est pas bimétalliste. Non seulement il tient à se rattacher à la doctrine « des plus savants monétaires », en n'accordant la qualité de mesure monétaire qu'à un seul métal ; non seulement il considère la fixité du rapport 15 1/2 entre les valeurs de l'or et de l'argent comme une impossibilité ; mais encore, il voit dans ce rapport, sauveur au dire des bimétallistes, une fiction pernicieuse et l'origine de spéculations contraires au

(1) *Notes Africaines*, (XXme Siècle, t. V, n° d'avril 1894, pp. 177-193).— L'article du marquis de Morès a paru d'abord en supplément du journal le Radical Algérien (12 mars 1894), sous le titre : *La France, l'Angleterre et l'Argent*. En le publiant à nouveau, et avec l'agrément de M. de Morès, la Revue le XXme Siècle en a adapté la présentation au but d'étude qu'elle poursuit. De plus, elle a pensé devoir en accompagner le texte des réflexions que ce travail a suggérées à l'un de ses collaborateurs, particulièrement autorisé en matière d'économie monétaire.

bien public. Avec de nouveaux argument et en présence d'une situation économique fort différentes, M. de Morès reprend le système de Michel Chevalier, le *monométallisme-argent*. La solution qu'il propose est précisément l'inverse de celle qui était développée au mois de janvier dernier, dans la *Revue des Deux Mondes*, par M. Raphaël-Georges Lévy (1): l'*or* pour seule monnaie légale et la circulation de lingots titrés d'argent au cours de la mercuriale, tel était le système de M. Lévy ; l'*argent* pour seule monnaie légale et la circulation de lingots titrés d'or au cours de la mercuriale, tel est le système de M. de Morès. L'ancienne tradition économique est d'accord avec ce dernier, en ce sens du moins qu'elle attribue la fixité de valeur à la monnaie d'argent et la mobilité à la monnaie d'or : lorsque des variations par suite d'événements économiques divers surviennent entre la valeur de l'or et celle de l'argent, on considérait autrefois que c'était la monnaie d'or qui devait être modifiée. Cette manière de voir se trouvait encore tout récemment indiquée, au cours des discussions de la *Société des Agriculteurs de France* ; on a dit : « S'il y a lieu de changer « le rapport des deux métaux, que l'or seul soit refondu..... « Diminuons le poids de l'or et reprenons la frappe libre de « l'argent. » Chose particulièrement digne d'attention, cette conception est celle qui a été consacrée par les lois françaises.

M. de Morès appuie son argumentation sur les textes et sur l'esprit de notre législation. Le système métrique des poids et mesures et le système monétaire établi par les lois du 18 Germinal et du 28 Thermidor an III, reproduisant les idées exprimées en 1790 dans un mémoire de Mirabeau, ont désigné l'argent comme mesure monétaire légale et reconnu seulement à l'or la qualité de moyen additionnel de circulation sans valeur fixe. Si, plus tard, la loi du 7 Germinal an XI est venue substituer les pièces de 20 francs en or aux disques d'or de 10 grammes, elle n'a pas entendu fixer à jamais la valeur de l'or au rapport 15 1/2 ; elle a au contraire renouvelé, en tête de ses dispositions, le choix du *franc d'argent* comme étalon de valeur : « Cinq grammes d'argent au titre de 9 dixièmes de fin cons- « tituent l'*unité monétaire*, qui conserve le nom de franc. » Le *franc d'argent* unité monétaire est, sans conteste, la base

(1) *L'Avenir des Métaux précieux*, (n° du 15 janvier 1894).

légale de notre système monétaire. La loi du 14 juillet 1866, approuvant les conventions constitutives de l'Union Latine, dit expressément qu' « il n'est pas dérogé aux dispositions de « la loi du 7 Germinal an XI, en ce qui concerne la définition « du franc comme base du système monétaire de la France ». M. de Morès est donc fondé à prétendre que les mesures restrictives, puis prohibitives, de la frappe de l'argent adoptées en 1874 et 1876 ont été prises contrairement aux principes les plus sûrs de notre droit. En enlevant au métal-argent la puissance libératoire et, par conséquent, le *caractère monétaire*, le législateur de 1876 a commis une violation flagrante du régime constitutionnel de la monnaie française et une intervention arbitraire dans l'ordre des contrats privés, dont il a changé les termes.

Aujourd'hui, il n'est pas besoin de raisonnements compliqués pour saisir la portée du changement introduit en 1874 et 1876. Il suffit d'imaginer un retour aux principes monétaires de nos lois, c'est-à-dire la restitution du droit de se libérer en argent ou d'apprécier en *francs d'argent* les valeurs inscrites dans les contrats. Comme la modification du rapport 15 1/2 entre l'or et l'argent en est arrivée maintenant à une diminution de plus de moitié dans la valeur de l'argent relativement à celle de l'or, ou, en d'autres termes, que la pièce de cinq francs ne vaut même pas deux francs cinquante dans le nouveau système, il résulterait hypothétiquement, du rétablissement de l'appréciation des valeurs en francs d'argent, suivant les termes de la loi et des contrats, que les dettes ou rentes, tant des particuliers que de l'Etat, se trouveraient diminuées de moitié et que le taux exorbitant du change avec les pays obérés disparaîtrait par l'allégement de leurs dettes. Certainement, le retour à la monnaie légale d'argent entraînerait des phénomènes économiques beaucoup moins simples que ceux qui s'offrent ainsi à l'esprit ; mais on se rend compte de la portée du changement survenu. C'est avec les plus grandes apparences de raison, que M. de Morès reproche à nos gouvernants d'avoir substitué au franc français un franc faux et fantastique, d'avoir causé une aggravation des dettes.

Au rebours des remaniements monétaires de jadis, qui eurent pour objet l'allégement des dettes, celui-ci a été fait contre les débiteurs. Autour de ce changement, on peut grouper des corollaires économiques remarquables. Depuis une vingtaine d'années, à la hausse continue du prix des produits est venu se substituer un mouvement sensible de baisse, qui est une source de crise et fait obstacle à la libération des producteurs. L'aggravation des dettes internationales au détriment des pays importateurs ou emprunteurs a conduit ceux-ci à cette circulation monétaire dépréciée, à ces taux exorbitants du change, à ces exportations de produits d'abord agricoles et ensuite industriels, à des prix de faillite ou de liquidation ; toutes causes qui font de la concurrence internationale un mal contre lequel les Etats ne savent comment se protéger. L'avilissement de prix des produits importés dans notre pays par les nations endettées a eu pour contre-coup de créer parmi nous un antagonisme d'intérêt entre l'agriculture et l'industrie, de séparer en deux parties nos capitaux, de faire baisser la valeur de l'une tandis que l'autre augmentait et donnait l'illusion de la prospérité générale. Enfin, dans cette période de surélévation des dettes, de faillites d'Etats, d'accaparement de l'or et de troubles économiques, il a été surtout donné libre carrière aux profits des spéculateurs internationaux.

M. de Morès estime que la crise monétaire ne peut prendre fin que par le rétablissement du monométallisme-argent dans les conditions scientifiques et juridiques qu'il propose. Il considère en effet que l'argent, par ses qualités naturelles, est beaucoup plus apte que l'or à servir d'étalon monétaire. Avec tous les partisans de la frappe libre de l'argent, il insiste sur ce fait significatif : que la valeur de l'argent est demeurée en relation constante avec celle des marchandises ; les statistiques, et en particulier les tableaux tracés d'après les *Index Numbers* de Londres, permettent de dire que le prix des marchandises suit celui de l'argent et que, depuis le changement monétaire, la baisse a été commune. De plus, M. de Morès s'attache à mettre en lumière un fait très important : c'est que l'argent, « par son genre de production et par son emploi très répandu », constitue une mesure de valeur beaucoup plus fixe que celle de l'or, plus indépendante de variations provenant de l'emploi monétaire lui-même ; l'étalon d'argent ne donne pas lieu, comme l'étalon d'or, aux contractions monétaires et aux accaparements de la mesure de valeur.

Les raisons alléguées en faveur de la réhabilitation monétaire de l'argent sont d'un grand poids; non sans fondèments,
on affirme que l'argent est une mesure des valeurs meilleure
et plus juste que l'or. Cependant, il y a souvent, à notre avis,
dans la manière de raisonner des partisans de la frappe libre
de l'argent, inexactitude ou confusion. Ils arguent de l'insuffisance de l'or et de l'abondance de l'argent au point de vue de la
quantité de monnaie nécessaire au mouvement des échanges.
Sur ce terrain, les monométallistes-or ne manquent pas de
raisons à opposer : ils répondent, d'une part, que la quantité
de monnaie métallique importe assez peu, puisque les moyens
de circulation fiduciaire se substituent de plus en plus
à celle-ci comme intermédiaire des échanges, à tel point que,
grâce au système du *Clearing*, le transport des métaux
précieux ne représente plus qu'environ 5 o/o des échanges de
marchandises ; d'autre part, que la monnaie d'argent est d'une
circulation incommode, que le public n'en veut plus, que, là
où l'on a voulu conserver à l'argent son rôle, il a fallu le faire
sous forme de certificats de monnaie ou de billets d'Etat. Ces
arguments ne touchent, croyons-nous, qu'à un côté, le moins
essentiel, de la question. La monnaie a, en effet, une double
fonction : elle est *intermédiaire des échanges* et *mesure de
la valeur* (1). Ce dernier rôle est le principal, il est le plus inti-
mement lié à la qualité libératoire de la monnaie. C'est un
fait que la monnaie métallique, tout en demeurant *mesure
de la valeur*, est de plus en plus remplacée par les moyens
de circulation fiduciaire comme *intermédiaire des échanges ;*
cette décadence de l'une des fonctions monétaires s'applique encore plus à l'argent qu'à l'or, en raison de la différence de transportabilité; pour reprendre effectivement la
circulation et la frappe en grande quantité de l'argent, il faudrait des moyens artificiels, sinon coërcitifs. Mais, à notre
sens, la frappe libre de l'argent indique moins une frappe et
une circulation effectives que la restitution au métal-agent de
la puissance libératoire et de la fonction de mesure de la valeur;
ce qui semble parfaitement possible avec les progrès de la circulation fiduciaire, qui dispensent le plus souvent de l'emploi

(1) Ce sujet a été traité par le docteur Scheimpflug. (Voir *l'Association catholique,* n° du 15 mars 1893.)

du métal. De cette façon, les arguments de M. de Morès en faveur de l'étalon d'argent demeurent : *l'argent a plus de fixité dans sa valeur intrinsèque, il est moins susceptible d'accaparement ;* ce second caractère est fort à considérer, car la possibilité de manœuvres d'accaparement est l'obstacle le plus nuisible à la véracité de la circulation fiduciaire ; celle-ci repose, en effet, sur la faculté de se procurer toujours, contre le papier, le métal libératoire, facilement et sans embarras artificiellement créés par des spéculateurs.

L'étude de M. de Morès occupera une place à part et très distinguée parmi les travaux récents qui ont révélé l'importance de la question de la monnaie et du change. Ce ne sera pas diminuer son mérite que d'indiquer trois considérations qui, à notre point de vue, dominent cette matière, non moins que le choix du métal étalon des valeurs.

Il s'agit d'abord de la décadence des métaux précieux comme intermédiaires des échanges, de la substitution des moyens de circulation fiduciaire dans cette fonction de la monnaie et de l'énorme multiplication de ces moyens. Nous venons de signaler la réaction de ce phénomène économique sur l'autre fonction monétaire de valeur-type et de valeur libératoire restée attachée à la monnaie métallique. C'est là ce qui explique comment l'accroissement si grand de la production et des échanges sous l'ère de la vapeur a pu se produire avec une somme de monnaie métallique peu augmentée, et même être accompagnée d'une hausse des prix. L'extension de la circulation fiduciaire a des conséquences qui font changer l'aspect des réformes monétaires.

En second lieu, au dessus du change et de ses conséquences, il faut voir les causes premières du change contraire et de la dépréciation de la monnaie dans certains pays. Ces causes consistent dans les *importations et emprunts* qui ont mis ces pays à l'état de *débiteurs obérés* essayant de se libérer, même au détriment de leur prospérité intérieure et par l'exportation de leurs produits de première nécessité. Avant la concurrence qui ruine l'agriculture puis l'industrie des autres pays, il y a eu les gains excessifs du commerce international et de la spéculation cosmopolite qui ont acculé les peuples à la faillite. La contagion de souffrances qui éprouve notre travail national ne fait que reporter sur nous l'effet du mercantilisme avide auquel libre carrière a été laissée dans le passé.

Enfin, pour remettre la valeur et les prix sur des bases rationnelles, il faut faire entrer en ligne de compte *la protection internationale du travail*. La situation des travailleurs dans les pays concurrents offre souvent l'explication du tort causé aux travailleurs d'autres pays. La protection internationale du travail fournirait à ceux-ci une base de défense plus facile à légitimer que les tarifs douaniers et les changements monétaires. Elle nous montre, en même temps, une cause du mal distincte du mouvement des changes. Au fond, la question de la monnaie revient à celle de la juste mesure de la valeur ; il n'est donc pas surprenant qu'on la trouve en liaison étroite avec la juste estimation du travail. Ainsi, voyons-nous les discussions sur l'étalon d'argent et sur la réglementation du travail se présenter ensemble dans les rapports entre l'Inde britannique et la Métropole. Il y a peu d'années, lorsque la concurrence de l'Inde commença à faire un tort sensible aux industriels anglais, on ne fut pas peu surpris de voir la Chambre de Commerce de Manchester, prise de zèle philanthropique, voter la proposition suivante : « Vu les heures de « travail excessives pratiquées dans les filatures de *coton* de « l'Inde britannique, la Chambre de Commerce de Manchester « recommande que les prescriptions du *British Factory Acts* « soient étendues immédiatement, en ce qui regarde le travail « des femmes, des adolescents et des enfants, aux usines de « tissage et de filature de l'Hindoustan. » Nos agriculteurs ne doivent pas oublier de compter, parmi les causes d'avilissement des cours du blé, le bas prix des salaires agricoles chez plusieurs des pays concurrents. Rapporté à notre monnaie, le salaire moyen de l'ouvrier agricole en Russie est de o fr. 70 par jour, et celui du paysan Hindou de 18 centimes. Sous un autre aspect, ne semble-t-il pas déraisonnable qu'on puisse exporter, en grandes quantités, du blé ou des matières nécessaires à la vie, de pays où un grand nombre d'hommes meurent de faim ? Cette observation est d'une application plus générale qu'on ne pourrait le croire ; mais elle concerne spécialement l'Inde anglaise où, nous dit M. de Morès, « la famine « moissonne par an plus de deux millions d'êtres humains ».

Parmi les éléments d'intérêt qui s'attachent à l'étude publiée
sous le titre de *Secret des Changes*, figurent certainement,
comme nous le disions en débutant, le caractère et le style
de l'auteur. La publication du XXme SIÈCLE a été faite avec le
plus grand respect pour l'expression de la pensée de M. de
Morès. Nous ajouterons que l'on n'entend pas par là prendre
la responsabilité de toutes les idées, de tous les termes et de
tous les chiffres. Nous avons cru pouvoir nous porter garant
du grand mérite de ce travail, sous le double rapport de la
valeur scientifique et du sentiment de la justice ; ceci même
nous impose de formuler certaines réserves au sujet du vaste
système de *Crédit ouvrier* proposé par l'auteur. Assurément,
nous sommes d'accord avec lui pour reconnaître l'importance
et l'urgence extrêmes de développer les institutions de crédit
ouvrier, d'en faire un moyen de diffusion de la propriété et
d'affranchissement des salariés, d'y employer les ressources
de la circulation fiduciaire. De même, nous ne tenons pas pour
sérieuses les objections auxquelles M. de Morès a lui-même
vertement répondu. Mais d'autre part, nous ne voyons pas, au
milieu de l'émission fiduciaire considérable que fait prévoir
l'établissement du crédit ouvrier sur de pareilles proportions,
comment serait maintenue la règle fondamentale de la conver-
tibilité du papier, même en métal-argent. Puis, nous ne pouvons admettre le principe qui semble servir de base au calcul
du montant des livrets de crédit, c'est-à-dire le prêt forcé,
quoique non gratuit, de tout ce qui dépasse la quote-part
individuelle de 5,000 francs dans un partage fictif du capital
national. On pourrait même, sous ce rapport, critiquer en sens
inverse le chiffre de 5,000 francs ; car le prorata individuel, dans
l'ensemble de la richesse française, était estimé, le 9 juin dernier,
par l'*Economiste français,* à 6,800 francs et, en outre, d'après
le système de M. de Morès, cette richesse subirait une plus-
value d'évaluation par le retour à l'étalon d'argent. Nous ne
faisons pas difficulté de reconnaître que la réserve formulée
concernant l'*existence de groupement syndicaux sérieux, ap-
pelés à donner leur garantie,* change beaucoup l'aspect de la
proposition, en limitant singulièrement son application ; mais,
alors, pourquoi parler d': « crédit obligatoire, conséquence du
« service obligatoire » ?

Terminons cette libre appréciation de l'étude du marquis de Morès, en donnant encore une manière de voir personnelle sur le sujet.

Les conditions d'une réforme monétaire ne nous apparaissent pas aussi simples qu'elles semblent l'être pour beaucoup de partisans du retour à la frappe libre de l'argent. Ce nouveau changement ne peut manquer d'aller, au moins passagèrement, contre les desiderata de fixité dans la valeur des monnaies, contre « cette ferme ordonnance qui nulle- « ment ne doit muer ou changer », suivant Nicolas Oresme. Il en résultera de nombreuses perturbations économiques, où les agioteurs sont presque assurés d'avoir la partie belle ; plus d'un, parmi les noms de ceux qui, en France, en Italie, *en Angleterre*, aux Etats-Unis, préconisent la frappe libre de l'argent, est à faire réfléchir. Puis, si l'on doit, avec M. de Morès, dénoncer l'injustice du changement des termes des contrats réalisé en 1874 et 1876, on ne doit pas non plus commettre une injustice contraire vis-à-vis des contrats passés sous les nouvelles combinaisons monétaires. Il ne faut pas aussi qu'on se fasse illusion sur l'une des conséquences du changement d'étalon et de la hausse des prix : dans son ensemble et ses suites, la réforme peut, sans doute, être présentée comme favorable aux travailleurs ; elle créera néanmoins une période pénible pour les salariés et fertile en agitations sociales. La situation où nous ont acculés beaucoup de fautes et d'injustices peut donc paraître presque inextricable.

Pourtant, il faut en sortir. Dans les lois intérieures et les arrangements internationaux que réclamerait la solution de la question de la monnaie et du change, nous croyons qu'il y a lieu de faire large place à des considérations supérieures au métal. Si l'humanité, par la faiblesse de ses vues et de ses instincts, est astreinte à conserver son estimation des valeurs attachée aux métaux précieux, du moins doit-on, dans les cas embarrassants, se souvenir des bases sociales de la juste valeur, reporter l'attention sur les droits et intérêts du travail humain ; en quoi nous sommes assuré que le sympathique auteur du *Secret des Changes* ne sera pas disposé à nous contredire.

H. S.

(*Extrait du XX*ᵐᵉ *Siècle*, n° *de juin 1894.*)

LE
SECRET DES CHANGES

AVANT-PROPOS

PRÈS quatre ans de luttes, je suis sorti de la mêlée pour me rendre compte de la situation et étudier l'orientation de l'avenir. Aujourd'hui, j'appelle l'attention sur des faits que les hommes chargés du gouvernement semblent ignorer.

Mon intention première était de profiter des élections pour créer un courant d'opinion. A cet effet, j'avais rassemblé ces documents. J'ai tenté de constituer un organe qui, après avoir vulgarisé ces idées, aurait servi de trait d'union aux comités de propagande et d'étude. Je n'ai pu accomplir mon dessein. J'en suis heureux ; le moment n'était pas venu et j'ai, à l'heure du danger, reconnu, dans ceux qui m'entouraient, les amis et les traîtres. J'ai vu que tout homme avec des besoins était faible.

La coalition des Juifs, des opportunistes, des ralliés et des faux conservateurs s'est faite, au Parlement, contre les radicaux et les socialistes collectivistes et internationaux. Je ne vois la vraie France ni d'un côté ni d'un autre, et ne partage complètement les opinions d'aucun de ces groupes. Dans les premiers, il y a des timides, des dupes, des valets et des voleurs ; dans le second, l'union s'est faite sur le terrain antilibertaire et sectaire de la persécution des chrétiens. Derrière les deux, il y a la Franc-Maçonnerie.

Tout cela est bien dans une comédie parlementaire ; mais, à la veille de la bataille où peut se jouer la liberté de la France et l'avenir du monde, il faut voir devant soi et connaître les figures avant de prendre son fusil.

Un résultat a cependant été obtenu. Les Juifs, que personne dans le parti révolutionnaire ne songeait, il y a trois ans, à attaquer, sont obligés de prendre leur place à la tête de la réaction parlementaire et capitaliste. Guesde et le parti ouvrier ne pourront plus dire : « La question « juive n'existe pas. » Les Juifs sont découverts : ils ont perdu moitié de leur force.

Pendant ce temps-là, les paysans ne peuvent plus vivre. Les producteurs de blé et de vin se réunissent pour protester. Un changement économique est nécessaire à bref délai.

Le mal existe. Il sera intéressant, au milieu du silence de ceux qui ont le pouvoir, d'indiquer les principales causes de ce mal, et peut-être le remède.

Nous sommes en présence de la plus formidable opération d'accaparement qui ait jamais été entreprise ou rêvée. C'est la conquête universelle.

En France, elle se fait avec la connivence des gouvernants. Ceux-ci arrivent au pouvoir prisonniers et, une fois nantis, ils préfèrent leur situation à l'accomplissement d'un devoir dangereux.

Il faut que le peuple tranche certaines questions trop lourdes pour ses délégués.

Avant d'entrer dans l'étude de ces questions, il est nécessaire de dégager le terrain ; il faut se pénétrer du fait que, dans toutes les luttes, il y a une question économique habilement dissimulée et d'autant plus difficile à décou vrir qu'aujourd'hui l'individu isolé est censé se forger peu à peu ses idées générales.

Absorbé par la lutte pour l'existence, sachant peu, l'homme n'a pas le temps de réfléchir et de s'élever au-dessus de ses besoins journaliers. Les idées générales ne nourrissent pas, dans la société moderne : il faut se spécialiser pour vivre et servir les maîtres du jour, les maîtres de l'argent, dont l'intérêt est en opposition avec ces idées.

L'homme qui, par une fausse éducation, ignore la constitution de sa race et en abandonne les principes traditionnels, n'a plus de base, marche à l'aventure et devient la proie des organisations et des hommes qui, ayant adopté sous la forme d'une école ou d'une secte, des idées toutes faites, vont droit en avant.

Ce que je dis des hommes s'applique aux peuples.

Ce qui va suivre peut servir à tous ; peu, en dehors de ceux qui en profitent, ont le temps d'étudier ces questions.

J'ai choisi parmi mes documents, afin de donner des éléments à ceux qui voudront poursuivre ; ils y trouveront mon expérience personnelle, celle de spécialistes.

Un commerçant en blé, M. Shotmans, m'a fourni des renseignements sur les blés et sur l'argent. Un banquier de l'Extrême-Orient, M. Kresser, m'en a fourni sur les changes. J'ai consulté les tableaux de M. Allard, directeur de la monnaie à Bruxelles. Tous arrivent aux mêmes conclusions.

Depuis plusieurs années, mes écrits en font foi, j'avais pressenti que la question monétaire était la clef de la position financière. Il fallait des chiffres faciles à comprendre ; je vais les fournir.

En 1891, j'ai été le premier et le seul à m'opposer au renouvellement du privilège de la Banque de France : la

France est encore maîtresse de son crédit, et je ne suis plus seul à combattre. Aujourd'hui, je prouverai que, par une série d'opérations sur *les monnaies, le change et le crédit*, Rothschild, avec la connivence de la Banque de France, du Gouvernement, de MM. Léon Say, Magnin, Tirard et autres ministres des finances, a ruiné la France, au profit de l'Etranger et des usuriers.

Depuis l'interdiction de la frappe libre de l'argent, en 1874 et 1876, le poids de toutes les dettes a été doublé au profit des prêteurs ; le prix de toutes les matières premières a diminué de moitié et, aujourd'hui, le franc français, employé en France, n'a plus qu'une valeur libératoire ou d'acquisition d'environ o fr. 5o, tandis qu'employé à l'Etranger il vaut 1 franc. Le résultat est de drainer à l'extérieur les capitaux et de rendre improductives l'agriculture, l'exportation et les entreprises françaises.

La conséquence finale du complot est de faire passer à l'Etranger nos richesses, de déposséder les Français de leur sol, et de faire payer par la France les dettes contractées envers les financiers par les gouvernements de l'extérieur.

CHAPITRE Ier

France et Angleterre

I. — DEUX ADVERSAIRES NATURELS

Les peuples et les hommes sont aujourd'hui entraînés et guidés par leurs intérêts réels et apparents. Ceci nous amène, pour les classer, à les diviser en deux catégories : les producteurs et les exploiteurs.

Les pays agricoles, pouvant dans une plus grande mesure se suffire, sont moins enclins à *l'oppression économique des autres peuples :* de même, l'homme qui cultive la terre fait le plus utile, le plus honnête et le plus humain des métiers. L'honnêteté des nations et de leurs procédés politiques sera en raison directe du nombre de leurs agriculteurs et de la prospérité de leur sol.

La France paysanne, artistique, inventive, idéaliste, aidée par les ressources de sa terre, de son climat et par l'héritage de ses pères, produisant 90 o/o de sa nourriture, n'a pas besoin d'opprimer le monde. Elle devrait ne prêter que son surplus. La France est le type du pays producteur et agricole ; sa politique n'a pas de raison d'être malhonnête.

L'Angleterre commerçante, industrielle, navigatrice, banquière, liée aux Juifs par ses intérêts, ayant des besoins multiples, douée d'un formidable appétit, demande au dehors ses revenus et sa nourriture ; elle est forcée, pour vivre, de rançonner l'univers. La Grande-Bretagne représente le type du pays exploiteur ; sa politique est une politique de pirates.

Ces deux pays sont donc, par leur caractère et leurs intérêts, destinés à représenter des principes contraires.

Aujourd'hui, la France est asservie, politiquement et
économiquement, à sa voisine ; l'heure est venue où,
pour vivre, il va falloir se défendre. Ce n'est pas sur mer
que se livrera la bataille : c'est sur le terrain économique,
sur le terrain monétaire, sur le terrain du métal-*argent*.

La France doit prendre la direction des nations agricoles. Elle peut le faire ; derrière elle viendront se ranger
tous les producteurs de la terre et tous les débiteurs de
l'Angleterre. Cette dernière se trouvera seule contre les
intérêts du monde.

II. — Le Terrain de la Lutte

Je suis un des rares Français lecteurs du *Times* ; je
connais les Anglais, je parle leur langue, j'ai des amis
parmi eux, j'admire leur organisation et leurs colonies.
C'est pourquoi il m'est intolérable de les voir tourner
en dérision la France, ses méthodes de non-gouvernement
et la cueillette périodique, faite par l'Étranger, du fruit du
travail français. Je tiens à montrer que tout le monde,
dans ce pays-ci, n'est pas aveugle ou aveuglé.

Les débats de la Chambre des Communes sur l'augmentation de la marine sont instructifs ; la haine pour la
France y éclate à chaque phrase, ainsi que la nécessité
pour la Grande-Bretagne d'être maîtresse de la mer, de
pouvoir fermer, par des escadres, tous les ports du monde.
Quand on fait un commerce honorable, a-t-on besoin
de pareilles précautions ?

A pareil langage, il faut répondre. Mais ce n'est pas
sur mer qu'il faut combattre : c'est sur le terrain économique, *et cela de suite* ; car, pour l'empêcher de mener à
bien ses projets d'armement, la France n'a qu'une chose à
faire : couper les vivres à l'Angleterre, c'est-à-dire cesser

de payer le tribut qu'elle lui verse par l'intermédiaire des cambistes, des importateurs et des banquiers internationaux. L'argent (*silver*), voilà l'arme de combat.

La France, à elle seule, peut mener à bien cette entreprise ; mais son exemple sera suivi par toutes les nations agricoles, par celles dont l'outillage industriel est incomplet et par celles que la dette écrase. Derrière la France viendront se ranger les Etats-Unis, l'Amérique du Sud, la Russie, les pays Latins, l'Asie, l'Afrique. Devant cette nouvelle alliance, où seront l'or et les bateaux anglais ?

Je commence par formuler le texte des lois de défense :

1. La France répudie le bimétallisme à 15 1/2 pour 1 ; elle ne garantit plus aucun rapport entre les deux métaux, or et argent ;

2. La mercuriale de l'or et de l'argent sera affichée et tenue à jour, dans toutes les communes de France ;

3. La frappe libre de l'argent est rétablie, ainsi que le nombre d'hôtels des monnaies nécessaires à cet effet ;

4. Les hôtels des monnaies et les banques pourront, contre dépôt préalable, émettre des bons de numéraire, spécifiant le métal, payables à vue et au porteur ;

5. 10 o/o de l'impôt sera payé en or ;

6. L'assimilation des pavillons est abolie ;

7. Les tarifs de pénétration seront revisés.

Au moment des débats sur l'emprunt Indien, il a été dit, à la Chambre des Communes, que 1894 verrait peut-être la faillite du gouvernement Indien. Or, par des moyens analogues à ceux employés en France, l'Inde paye à l'Angleterre plus d'un milliard de tribut par an. Moyens employés : change sur les monnaies, moins-value sur les céréales importées, plus-value sur les produits manufacturés exportés, intérêts payés en or sur les travaux publics.

Le changement du régime monétaire et des transports

maritimes en France amènerait pour l'Étranger une perte
par an de 2 à 4 milliards de francs, au profit de la production
française. De plus, il empêcherait d'employer le stock métallique français à des combinaisons rendues possibles par
l'arrêt de la frappe de l'argent : la proportion de 1 à 15 1/2
entre l'or et l'argent, le resserrement du numéraire,
l'accaparement du métal-or, insuffisant aux besoins du
monde, et le monopole du crédit en France.

Il faudra aussi que l'Angleterre change son fusil d'épaule ;
elle aura alors autre chose à faire qu'à bâtir des flottes et
à bloquer les ports du monde.

III. — La Situation de l'Angleterre et sa Politique Économique

Quelle est donc la situation de l'Angleterre ; quels sont
ses avantages, ses points faibles ?

Sa fortune est d'environ 300 milliards ; sa population
augmente ; le luxe et l'éducation y amènent des besoins
croissants, que l'agriculture ne peut satisfaire.

Elle a des cadres uniques au point de vue des hommes
et de l'éducation ; elle applique au gouvernement le bon
sens commercial et les moyens d'action de la concurrence
la plus déloyale.

L'éducation intensive de sa population a fait de l'Angleterre une pépinière d'hommes capables d'initiative et de
commandement, mais trop chers pour faire des troupes ;
elle a des chefs, mais pas assez de soldats de sa race.

Les équipages anglais comptent beaucoup d'étrangers,
beaucoup de Français depuis la ruine de notre marine
marchande par l'assimiliation des pavillons. L'Angleterre,
connaissant la valeur de nos équipages, n'a eu pour but,
en amenant les troubles de Terre-Neuve, que la destruc-

tion de nos pêcheries de haute mer, centre d'éducation et de recrutement pour nos marins.

La nourriture de l'Angleterre est tellement complexe, que huit jours de blocus la feraient mourir de faim ; ses débouchés industriels sont nécessaires à sa vie. Il lui faut une absorption et un rejet continuels ; elle peut finir aussi bien de congestion que de faim.

Son armée n'est pas une armée européenne. Elle porte à ses côtés deux explosifs dangereux : l'Irlande et l'Inde.

Comment a-t-elle pu, dans ces conditions, maintenir jusqu'à ce jour sa suprématie ?

Par l'organisation, l'éducation, l'accessibilité de ses classes dirigeantes ; par son esprit pratique, par sa diplomatie, par son argent.

Depuis Waterloo, la diplomatie anglaise dirige l'Europe et règne en France. Aidée par les financiers associés à son commerce, elle a fait agir en France le parlementarisme : cette forme de gouvernement est la représentation commerciale et industrielle de la nation sous une forme anglaise. L'Angleterre a fait évoluer dans son orbite les intérêts des représentants de la bourgeoisie française ; cette politique est contraire à l'esprit de la France et à ses tendances, qui sont agricoles et militaires.

L'action de la diplomatie anglaise en France a eu surtout pour but de :

1. Se créer des relations dans les institutions françaises, en favorisant les divisions et en donnant un refuge à tous les réfugiés politiques ;

2. Diviser par les théories libre-échangistes les travailleurs des villes et ceux des campagnes ;

3. Laisser agir à l'extérieur les soldats et l'argent français et s'emparer des résultats par une action en France au moment propice ;

4. Puiser par des voies détournées dans l'accumulation monétaire qui, par les lois naturelles, se concentre en France.

L'Angleterre, ayant à acheter ses matières premières, à vendre ses produits manufacturés et à encaisser le revenu de ses prêts, a cherché à payer les premiers dans une monnaie dépréciée, et à faire payer les seconds dans une monnaie dont elle pourrait fixer la valeur à son gré.

Elle a procédé de la façon suivante :

Elle n'admet, pour les payements de ses revenus, de ses marchandises et de ses transports, que la monnaie d'or, dont il existe une quantité insuffisante pour les besoins commerciaux croissants du monde. Le déficit est comblé par du papier à base d'or, élément qu'elle raréfie à sa commodité, influençant ainsi la valeur de la monnaie d'or, mesure accaparée par elle, et dont une quantité de plus en plus faible achète une quantité de matières de plus en plus forte.

Une des applications fut faite aux Indes, d'où vient le blé et où vont la cotonnade et le fer. Des sommes considérables furent prêtées au pays pour des travaux publics ; l'intérêt était payable en or. Pour payer cet intérêt, la production principale du pays, le blé, dut venir sur les marchés en quantité supérieure aux besoins des échanges normaux et, après avoir été mesuré une première fois en argent, dut subir, pour se transformer en or, encore une seconde dépréciation. Cette manière de procéder a amené de tels désordres, que la production de la contre-partie, cotonnades et fers, a commencé aux Indes, et que le gouvernement Anglais, pour protéger son commerce, s'est vu forcé de recourir à des mesures arbitraires, telle que l'arrêt de la frappe libre de l'argent aux Indes. Cette mesure a amené en Extrême-Orient des perturbations dont les conséquences sont impossibles à prévoir.

L'Angleterre est en face d'un problème insoluble et peut-être de la ruine ; il suffit de lire ses journaux et les comptes rendus des débats de ses assemblées, pour s'en rendre compte. Là est son point faible, c'est là qu'il faut frapper. *A la poche et au ventre !* voilà où il faut viser l'Angleterre, avec une balle d'argent.

IV. — La Situation de la France et la Conquête Juive

Le monométallisme-or a, depuis vingt ans, doublé les revenus de l'Angleterre, en grande partie au détriment de la France. Le rétablissement de la frappe libre de l'argent et la suppression du rapport de 15 1/2 contre 1 entre l'or et l'argent, tout en doublant les ressources françaises, amèneront un tel changement dans les affaires du monde, que l'Angleterre sera obligée de transformer son numéraire, de payer deux fois plus cher ses produits alimentaires, de recevoir moitié moins pour l'intérêt de ses prêts.

Nos gouvernants n'ont pas le droit de ne pas discuter publiquement cette question ; ils doivent agir pour le salut public. S'ils ne sont que les laquais de l'Angleterre, ils doivent laisser la place au peuple, qui saura se défendre.

Les associés et les complices de la Grande-Bretagne, dans cette opération contre la France, sont les Juifs, qui ont eux-mêmes pour outils : la monnaie, le change, le parlementarisme et la franc-maçonnerie.

Le but des Juifs est la conquête du monde ; leur instrument est aujourd'hui la France. On peut dire : la France travaille et se bat, l'Angleterre et les Juifs la mènent et l'exploitent.

Le Juif n'est pas un créateur : il sait prévoir et profiter de tous les accidents avec rapidité ; il est travailleur, tenace, sans vergogne ; il sait se plier aux circonstances ; il n'est pas nécessaire de lui expliquer longuement un plan : il le saisit au vol et agit. Il n'a pas créé la situation en France ; il a profité des fautes et des vices du pays et, partout, a su envenimer le mal à son profit. La discorde est devenue endémique, la lutte des classes fleurit : partout le Français combat, contrecarre et abat le Français responsable, dont les fonctions nécessaires sont prises aussitôt par le Juif et l'étranger. Les classes instruites de la nation sont privées de l'esprit de gouvernement ; les classes inférieures, empoisonnées physiquement et moralement. On peut facilement exploiter les qualités natives du Français ; pour vivre il faut qu'il travaille, et on lui enlève au jour le jour la majeure partie de ses productions.

La transformation des peuples a aussi amené des dépenses croissantes. Le service obligatoire a jeté les nations dans le gouffre de l'emprunt ; les gouvernants sont aux ordres des banquiers. Ceux-ci leur montrent constamment le gouffre creusé sous leurs pieds et menacent de les y jeter. Les banquiers ne remplissent plus, dans l'Etat, leur rôle secondaire de régulateurs du crédit ; ils ont vite, en raison de leur puissance d'acquisition, absorbé les pouvoirs gouvernementaux. Au lieu de prêter à l'industrie et au commerce leurs fonds et ceux de leurs clients, ils sont devenus détenteurs de l'épargne publique et maîtres du crédit national. Ils préfèrent prêter ces ressources aux gouvernants pour des dépenses stériles, garantis qu'ils sont par la loi et par l'impôt, que de s'occuper d'entreprises productives mais entraînant un aléa et un placement de longue haleine.

Mais tout a un terme. Les Etats s'écroulent ; exemple : la République Argentine, le Brésil, la Grèce, la Turquie, l'Espagne, le Portugal, l'Italie. De tous ces désastres, les Juifs sortent gorgés, les peuples pauvres.

Dans leur marche de destruction, les Juifs, pour arriver à la possession du sol, ont d'abord :

1. Déprécié la terre par le libre-échange et l'importation étrangère, favorisée par les opérations de change et par le bimétallisme ;

2. Appauvri les propriétaires, les fermiers, qui s'endettent, ne tirent plus de revenus suffisants de leur terre et empruntent pour spéculer ;

3. Amené les faillites successives : Turquie, Union générale, Métaux, Comptoir d'escompte, Baring-Bros, Panama, République Argentine, Espagne, Portugal, Grèce, Italie. A chaque opération, les Juifs gardent le numéraire, les Français le papier ;

4. Altéré les monnaies avec la complicité de gouvernants indignes. La France, réservoir des métaux précieux, fixe à 15 1/2 contre 1 la valeur relative de l'argent et de l'or, pendant qu'à l'étranger cette relation varie de 18 à 32 contre 1 ; les opérations de change se font toutes au détriment de la France et de ses producteurs, pour au moins 12 milliards par an. De plus, la frappe libre de l'argent est arrêtée, le numéraire rendu insuffisant, 2,800 millions sont retirés en huit mois, le poids des dettes est doublé du jour au lendemain, et les transactions nationales ne peuvent plus se faire sans l'appoint du billet de banque, dont la contre-partie est le papier des amis des Juifs, et du crédit que ceux-ci tiennent entre leurs mains ;

5. Accaparé le crédit. Une fois maîtres de la Banque de France et par elle du crédit français, au courant de la situation de tous, il leur suffit de contracter l'escompte et de retirer de la circulation l'or qu'ils possèdent, et qui déjà ne suffit plus aux besoins commerciaux, pour amener l'effondrement.

Les Français endettés, ne trouvant plus de numéraire ni

de crédit, seront forcés de liquider au prix de panique.
Les Juifs, maîtres du crédit, détenteurs du numéraire,
pourront seuls s'emparer des propriétés ; la terre de France
sera conquise. Du reste, le Kahal de Prague, en 1892, donnait comme consigne aux Israélites : « Achetez de la terre,
« du numéraire, des warrants ; vendez vos titres. » Et, le
jour où la fortune israélite sera représentée en majorité
par des valeurs réelles, ils sacrifieront le papier dont le
Français aura la plus grande partie, quitte à se rattraper
sur les débris du naufrage que seuls ils pourront acheter.

Le moment suprême approche. Les faillites se succèdent ;
l'Angleterre se sent menacée, l'Allemagne est en déficit,
l'Italie est sur ses fins. En France, la dette flottante est de
1,500 millions, le déficit avoué pour l'an prochain de
100 millions, le cheptel agricole a diminué des 2/5ᵐ, la
population diminue, le blé et le vin sont vendus à perte,
le travailleur commence à souffrir cruellement : la corde
va casser. C'est donc à la France qu'il faut faire payer la
note du monde par la guerre ou par la faillite. Le Français
dépossédé cédera sa terre hypothéquée au Juif conqué-
rant ; l'Orient aura vaincu l'Occident ; l'Aryen, laboureur
et soldat, travaillera et combattra pour ses vainqueurs.

Je crois cependant entendre des grondements de ven-
geance. Je crois encore aux destinées ; je crois au fer vain-
queur de l'or. Je crois que, quand le paysan saura que
depuis trente ans et plus le juif Rothschild, de connivence
avec l'Etranger, lui prend sur son blé et sur son vin plus
de six milliards par an (six milliards environ par an pour
l'agriculture et pareille somme pour l'industrie), je crois
que le rugissement du peuple, enfin réveillé, couvrira les
bruits du monde et que le Français renaîtra pour sauver la
terre et la liberté.

CHAPITRE II

Argent et Or

I. — L'Accaparement du Numéraire

Sans crainte de me répéter, j'expliquerai de nouveau le mécanisme de l'opération à laquelle tendent les financiers et qu'il faut empêcher.

La direction financière du monde a atteint son but, elle règne : elle détient le numéraire-or, insuffisant pour le besoin des hommes, et a réussi à en faire la seule mesure légale des valeurs ; elle détient le crédit ; elle détient les renseignements commerciaux. En se servant de ces trois éléments, elle peut à son gré fixer le prix de toutes choses ; ses amis et ses clients possèdent les actions, les obligations, les hypothèques, les warrants et, comme résultat, le pouvoir et la jouissance anonymes, sans devoirs et sans responsabilité.

Les autochtones, les propriétaires apparents et les travailleurs paient la rente, l'intérêt, l'impôt du sang, ont tous les devoirs, tous les risques et toutes les responsabilités. Mais ces derniers fléchissent sous les charges, la dette les écrase, leurs revendications deviennent pressantes, ils commencent à comprendre la manière dont on les exploite ; l'heure du danger approche pour les maîtres du jour.

De plus, les longues périodes de paix, en créant des capitaux, rendent l'accaparement plus difficile et abaissent le taux de l'intérêt. Il faut, par des destructions systématiques, raréfier le capital, maintenir les prix et créer des besoins ; il faut, coûte que coûte, conserver le monopole du prêt, le rendre nécessaire à la masse des producteurs ; il faut aussi créer une diversion, amener des événements et terminer la prise de possession du sol au profit des envahisseurs.

L'effondrement doit se produire quand, la plus grande partie de la fortune des accapareurs se trouvant représentée en objets de valeur réelle, la baisse ou la disparition du papier dont ils sont détenteurs ne les touchera que faiblement, la perte allant ruiner la clientèle et les Aryens qui auront échangé la proie pour l'ombre.

Au moment d'une panique financière ou au moment d'une guerre, le numéraire sera accaparé, le crédit arrêté, l'échaffaudage financier se refermera comme un accordéon, et les malheureux qui auront bâti sur les fondations fournies par la société moderne disparaîtront sous les débris.

La grosse partie se jouera en France ; notre but doit être d'empêcher les naufrageurs de récolter leur butin. Le peuple seul peut agir ; il faut lui faire comprendre les moyens d'action de ses ennemis, les désigner à sa surveillance ; si par hasard ils exécutent leur plan, on les verra porteurs des dépouilles : ce sera leur condamnation.

Les journaux et les Anglais répètent sans cesse : La France est riche, elle regorge d'argent. On le dit trop. Il serait bon d'étudier de près d'où vient cette richesse, pour quel usage on la trouve disponible, et quelles sont les ressources qui l'alimentent. Une grande vigilance est nécessaire, sous peine de trouver taries les véritables sources de la fortune française.

Il y a en France du numéraire ; il y en a toujours eu beaucoup. C'est une qualité de ce pays d'attirer les métaux précieux, et c'est pourquoi les Juifs tiennent tant à le dominer. La France a toujours possédé à peu près 11 milliards de numéraire, sur 52 environ que possède le monde.

Les grosses opérations des banquiers ont porté sur la circulation monétaire intérieure, qui a été remplacée par des billets et du papier, et non sur le stock de la Banque, parce qu'il fallait depuis les dernières campagnes le conserver pour le public à un niveau à peu près constant. Etant données les méthodes de drainage employées pour le métal par les grandes Banques, les Caisses d'épargne postales et autres, les Compagnies de chemin de fer, s'il n'existait pas une fissure quelque part, il y aurait, à la Banque, non pas 1 ou 2, mais de 4 à 5 milliards d'or.

Ces spéculations sont rendues possibles et profitables par le taux arbitraire de 15 1/2 contre 1, attribué en France à l'argent par rapport à l'or. Ce rapport est contraire au bon sens.

Il faut que le peuple se rende compte de ce danger, un des plus grands qu'il puisse courir ; il faut lui apprendre à connaître ceux qui profitent de ses dépouilles ; il faut qu'il sache que le gouvernement sait et tolère que les rois du jour ne laissent arriver au pouvoir que des hommes qui ont les mains liées.

Le change coûte à la France plusieurs milliards par an ; les chapitres suivants montreront comment.

II. — De la Monnaie en général

« La monnaie, a dit Mirabeau, est un signe de confiance « publique, *de matière quelconque*, qui sert de mesure « à tout ce qui peut se vendre. » C'est l'instrument libératoire qui procure la solution de tous les engagements, qui fournit à l'acheteur et au débiteur, dans toutes les formes de convention, le *legal tender*, le moyen de s'acquitter suivant une offre légale. Cette puissance est l'œuvre de la loi, qui en fixe en même temps la mesure maximum.

3

Une bonne monnaie est un instrument essentiel du développement de la société : la justice dans sa mesure enseigne la probité dans les mœurs ; l'altération de sa valeur jette la confusion et le désordre et fait disparaître la bonne foi. Le Code, par une prévision sage et humaine, ordonne que, dans le doute, l'obligé soit favorisé.

L'intérêt est le loyer de la monnaie ; l'usure est une mauvaise convention qui le porte au-dessus du prix courant. Une augmentation de la valeur de la monnaie est une usure générale, d'autant plus pernicieuse qu'on en éprouve les effets sans en sentir la cause. Une monnaie fidèle est la base du crédit ; le crédit ou la confiance est la base des affaires.

La monnaie devrait être invariable. Rien n'a été changé plus souvent :

La République romaine abaissa deux fois la monnaie de bronze, d'abord des 5/6ᵐ, puis de 1/2 : elle fut donc réduite au 1/12ᵉ de sa valeur.

La livre d'Ecosse, qui était restée intacte jusqu'en 1296, fut réduite au 36ᵐᵉ.

Le florin a perdu les 5/6ᵉ de son poids, et d'or il a été transformé en argent.

La livre-sterling n'éprouva pas d'altération jusqu'au XIVᵉ siècle ; elle tomba alors à moins du tiers. C'est, de toutes les monnaies, celle qui a été la moins réduite ; on l'a décorée du nom de sterling *(honnête)*.

La piastre turque valait la piastre d'Espagne de 5 fr. 45 ; c'est une monnaie de bas aloi d'une trentaine de centimes.

Le maravédis était une pièce d'or de 18 fr. ; c'est une pièce de cuivre de 1 centime 1/2.

Notre franc remplace la livre des Mérovingiens ; il n'a plus que la 88ᵉ partie de son poids. En tenant compte de la baisse de l'argent, il ne représente que la 1/1000° partie de sa valeur ; tout comme la livre-sterling ne représente plus que la 40° partie de sa valeur primitive.

Dans les temps difficiles on a réduit les dettes. Les émissions exagérées de billets, les assignats de 1793 ont produit le même effet. Les billets émis en Russie depuis 1768 ont été réduits de 6 1/2 à 1 en 1839 par le czar Nicolas, qui les ramena au pair sans qu'aucun débiteur pût en souffrir. Les greenbacks, émis aux États-Unis pendant la guerre de Sécession, y ont réduit la dette de moitié.

Lycurgue, qui voulait bannir de Sparte la richesse et la pauvreté, persuada aux Spartiates de mettre leur terre en commun et remplaça l'or et l'argent par le fer. C'était presque une abolition des dettes. Solon suivit son exemple. Agis et Cléomène à Sparte, Caïus et Tibérius Gracchus à Rome périrent victimes des privilégiés, en essayant de suivre Lycurgue et Solon. Tous les législateurs dévoués au bien du peuple ont cherché à alléger les dettes. En France, une mesure récente et criminelle a produit l'effet contraire.

III. — DE L'ARGENT, CONSIDÉRÉ COMME MONNAIE NORMALE

De tous les différents corps qui ont servi de monnaie : cuir, peaux, étoffes, coquillages, etc., l'argent a été reconnu le plus convenable, parce qu'il est le moins susceptible de variations brusques de valeur, malgré les affirmations bruyantes des sycophantes aux gages des financiers.

L'argent est d'une production difficile. On le trouve dans la terre confondu avec d'autres corps ; le travail nécessaire à leur séparation est compliqué : il faut triturer, laver, séparer avec du pyrite de cuivre, du magistral, du sel, du mercure et du combustible. Les mines d'argent sont des établissements plus considérables que les mines de houille, les hauts-fourneaux, les aciéries; il faut, pour y réussir, le capital, la science et les filons riches.

MM. de Humboldt et Duport prétendent que les Andes en recèlent des masses inépuisables et ont prédit une baisse sur ce métal. « Le temps viendra, dit M. Duport, où la « production de l'argent n'aura pour limite que celle qui « lui sera imposée par la baise croissante de sa valeur. » Ces prévisions sont imaginaires, car il faudrait trouver des moyens plus simples et une main-d'œuvre moins chère pour le séparer des matières avec lesquelles il est combiné dans la nature.

On pourrait de même prédire la baisse du blé. On n'en cultive que sur la 2/100ᵉ partie de la surface terrestre ; les meilleures terres sont encore incultes. On pourrait donc dire : Il viendra une année où la culture du blé sera tellement répandue, que sa valeur en sera réduite à très peu de chose. C'est absurde, attendu que la valeur ne provient pas de l'étendue des surfaces cultivées, mais des moyens de culture et du prix de la main-d'œuvre.

Les savants qui ont traité la question monétaire depuis le milieu du XVIIIᵉ siècle, Locke, Harris. Petty, Steward, Dutot, Law, Magens et Mirabeau, ont été unanimes à admettre d'une manière absolue l'argent seul comme mesure monétaire. « L'or, a dit Locke, est impropre à cet « usage.» L'or, le cuivre, le bronze, le nickel, les billets ne peuvent être que des signes représentatifs de cette mesure.

Il y a actuellement, dans le monde, 53 milliards 500 millions de monnaie, dont 12 milliards en argent, 17 milliards en or, 22 milliards en billets, 2 milliards 600 millions en monnaie divisionnaire à cours légal limité.

La France possède, *d'après les comptes rendus officiels :*

Papier: 3 milliards 4oo millions (la Banque de France est autorisée pour 4 milliards);

Or : 4 milliards 5oo millions ;

Argent : 3 milliards (à cours légal complet);

Monnaies divisionnaires : 38o millions.

Total : 11 milliards 28o millions; c'est presque le quart de la monnaie universelle. La France joue donc en cette matière le rôle prépondérant.

Il y a dans le monde presque 5o milliards d'argent, dont 1/4 monnayé ; les 3 autres quarts sont employés dans l'industrie et les arts, surtout en ornements d'église et en vaisselle.

La production, qui était restée en arrière sur celle des autres métaux, a fait de grands progrès: 2oo millions en 178o; 35o millions en 1874; 1 milliard en 1892. *Son augmentation de valeur a causé l'augmentation de sa production.*

L'argent, par son genre de production et son emploi très répandu, constitue une mesure de valeur *indépendante de son emploi monétaire.*

Plus de la moitié de l'or est converti en monnaie ; le reste, en objets de luxe et de fantaisie qui reviennent peu sur le marché et dont la valeur dépend plus de l'art que de la matière. Il est d'une production intermittente, et, *quoiqu'on ait doublé sa valeur en lui donnant le premier rang par une violation de notre loi monétaire, sa production n'a guère augmenté depuis vingt ans.*

Celle de l'argent a triplé, depuis la même époque, avec une augmentation de valeur intrinsèque de 15 o/o, malgré son exclusion monétaire.

Cette production, quintuplée depuis la fin du siècle dernier, s'est beaucoup moins développée que celle des matières dont l'argent est la mesure.

La production du blé dans l'univers a été : en 1784, de 600 millions d'hectolitres ; en 1874, de 800 millions d'hectolitres. Celle des fers : en 1784, de 400,000 tonnes ; en 1874, de 27 millions de tonnes. Celle des houilles : en 1784, de 9 millions de tonnes; en 1874, de 500 millions de tonnes.

Les matières textiles ont pris un développement plus grand que celui de l'argent. Les steamers et les chemins de fer ont transformé les transports.

Les cours des principaux produits, que mesure la monnaie, ont diminué en moyenne de plus de moitié depuis la veille du renversement de la loi monétaire.

« C'est un problème difficile à s'expliquer, dit M. Ped-
« dler, qu'en présence d'une baisse de l'argent relative-
« ment à l'or, il y ait pendant les quinze dernières années
« une baisse continue de presque tous les produits de
« l'Inde, mesurés en monnaie d'argent. »

M. E.-L. Oxenham, consul d'Angleterre à Chin-Chang (Chine), dit, de son côté, le 5 décembre 1885 :
« Toutes les marchandises étrangères sont beaucoup meil-
« leur marché qu'il y a vingt ans : les acheteurs obtien-
« nent pour deux dollars ce qu'on payait trois autrefois.
« L'opium est à cent taëls, par caisse, meilleur marché.
« L'exportation d'opium de l'Inde en Chine s'élève à plus
« de 300 millions par an. Cet article est en dehors du
« commerce européen, il se vend et se produit dans les
« pays à monnaie d'argent; la baisse de l'opium est une
« marque incontestable de la hausse de l'argent. »

Voici, d'ailleurs, un état comparatif convaincant, extrait du cours officiel du marché de Paris :

	30 Septembre 1873	15 Mars 1892
Farine,............	93 50.................	54 »
Cuivre............	255 »,...............	116 »
A reporter...	348 50.................	170 »

	30 Septembre 1873	15 Mars 1892
Report......	348 50...............	170 »
Plomb..........	60 »...............	28 »
Coton.......	107 »...............	45 »
Sucre..........	72 50...............	40 75
Trois-six........ .	75 50...............	45 25
Fonte...........	113 50...............	48 50
TOTAL........	756 00 TOTAL........	377 00

A cette dernière époque, l'argent est d'un côté à 33 o/o
de perte sur le tarif légal et, en réalité, 17 o/o plus cher que
la moyenne de ces marchandises. Elles seraient d'ailleurs
restées dans leur ensemble au même prix, si la loi et la
circulation monétaires n'avaient pas été changées.

L'exclusion de l'argent dans la frappe des monnaies ne
lui a donc fait subir aucune baisse, ce qui prouve que sa
valeur est indépendante de son emploi monétaire.

IV. — LA SITUATION MONÉTAIRE ACTUELLE

M. Georges Peddler, secrétaire du bureau de statistique
de l'Inde, déjà cité, et M. Charles Prinsepp, chef de bureau,
dans les rapports à la commission royale d'enquête sur la
dépression du commerce et de l'industrie en Angleterre,
déclarent que les prix se sont affaissés d'une manière continue pendant la première moitié de notre siècle faute de
numéraire ; que, de 1857 à 1864, il y a eu hausse par suite
d'une forte importation de métaux précieux ; qu'ensuite la
baisse a repris le dessus. La dépression est d'au moins
20 o/o entre les prix actuels et ceux de 1800-1830 et ceux
de 1855-1870, tout mesuré en argent monnaie de l'Inde.

Si la loi française fonctionnait, l'or baisserait des 33 o/o
dont il fait prime relativement à l'argent ; *sa valeur intrinsèque dépend uniquement de son emploi monétaire.*

Les billets dotés de la puissance légale de libérer tous

les engagements peuvent, quoique n'ayant aucune valeur intrinsèque, en acquérir une plus grande que le métal qu'ils représentent, *si on limite la frappe de ce métal.*

Le florin autrichien, par exemple, qui se consolide en or à 2 fr. 10, ne représente légalement que 11 gr. 11 d'argent, 1 fr. 60 au cours actuel ; *on paye aux créanciers de l'Etat un quart de plus qu'il ne leur est dû d'après la loi, en réalité 40 o|o de plus qu'ils n'ont prêté.*

Dans les pays où la monnaie se mesure avec de l'or à sa valeur actuelle, la dette publique en France dépasse 31 milliards. Avec les dettes communales, les dettes privées, les charges de toute nature, exprimées en francs, *on arrive à un chiffre double.*

La dette publique, pour la France, l'Angleterre, la Russie, l'Allemagne, l'Autriche et l'Italie, dépasse 100 milliards. La Belgique, la Suisse, la Hollande, le Portugal, les Etats Scandinaves, la Turquie, la Grèce ont environ 30 milliards. Les Républiques de l'Amérique, l'Inde, la Chine, l'Egypte ont des emprunts payables en or. Les charges fixes du monde entier sont annuellement de près de 15 milliards.

Les prêteurs ont eu l'habileté de mesurer cette dette dans une monnaie qui augmente de valeur à leur volonté et qui vaut deux fois celle qui sert à mesurer le travail et les produits des débiteurs. Ces derniers reçoivent la moitié et payent le double sans rien y voir. Le gouvernement, avec son pavillon, couvre la marchandise.

L'impôt, en France, prélève sur la production 4 milliards; il augmente constamment depuis 1874. Comme le prix de vente des produits a diminué de moitié, c'est un prélèvement double, qui s'applique d'une manière très irrégulière.

Les agriculteurs sont les plus éprouvés ; malgré les

droits de douane, la diminution des prix diminue leur re-
cette de 40 o/o, sans que les charges soient changées. Ils se
ruinent, ce que démontrent la diminution du cheptel
agricole et le dénombrement de la population.

Pour le cheptel agricole, voici un état comparatif
de 1866 à 1892 :

	1866 millions	1892 millions	Diminution millions
Chevaux..................	3.313	2.883	0.430
Anes et mulets...........	0.863	0.596	0.267
Moutons..................	30.386	21.798	8.668
Espèce bovine............	12.733	12.661	0.072
Chèvres..................	16.70	14.80	1.90
Cochons..................	5.889	6.096	

Il y a diminution de 1/3 sur les moutons et les
mulets, 1/7ᵉ sur les chevaux ; l'augmentation sur les
cochons compense la perte sur les bœufs.

La population, qui avait augmenté en France d'environ
un million et demi, grâce à une émigration de plus de
1,200,000 étrangers, décroît depuis 1891. C'est un fait
très grave. Il n'y a de pire disette que celle des hommes.

« On peut espérer, dit Vauban dans la *Dîme Royale*, que
« la France pourra rétablir tout cela en moins de quinze
« ans et remettra le Royaume dans une abondance par-
« faite d'hommes et de biens ; car, quand les peuples ne
« seront plus aussi oppressés, ils se marieront plus hardi-
« ment, ils se vêtiront et se nourriront mieux, leurs en-
« fants seront plus robustes et mieux élevés, ils prendront
« plus de soins de leur affaires ; enfin ils travailleront avec
« plus de force et de courage, quand ils sauront que la
« plus grande partie leur restera. »

« M. de Volmar, dit Jean-Jacques Rousseau, prétend que
« la terre produit en proportion du nombre de bras qui la
« cultivent ; mieux cultivée, elle rend davantage ; cette

« surabondance de productions donne de quoi la cultiver
« mieux encore ; plus on y met d'hommes et de bétail,.
« plus elle fournit d'excédant à leur entretien. On ne sait
« où peut s'arrêter cette augmentation réciproque de pro-
« duits et de cultivateurs. Au contraire, les terrains mal
« cultivés perdent leur fertilité ; moins un pays produit
« d'hommes, moins il produit de denrées ; c'est le défaut
« d'habitants qui l'empêche de nourrir le peu qu'il en a,
« et, dans toutes les contrées qui se dépeuplent, on doit,
« tôt ou tard, mourir de faim. »

CHAPITRE III

La Question Monétaire

I. — LA DOCTRINE INITIALE

Le 12 décembre 1789, Mirabeau présenta à ses collègues un mémoire où la doctrine monétaire est *parfaitement* exposée. « Le Comité, dit-il, propose d'admettre l'or, l'ar-
« gent, le cuivre pour monnaie ; cela prouve qu'il n'a pas
« réfléchi un instant sur la doctrine monétaire, ou qu'il est
« dans les langes d'une très pusillanime timidité. Je le
« prie de lire mieux qu'il ne l'a fait, bien qu'il les cite,
« Locke, Harris et les théoriciens profonds de cette partie ;
« il verra que je ne vague point dans des idées systéma-
« tiques et que je me range à l'opinion unanime de tous
« les penseurs. »

Une erreur presque universelle et très importante dans ses conséquences a placé sur la même ligne ces trois métaux : l'*or*, l'*argent*, le *cuivre*, pour en faire concurremment la monnaie. Les plus savants monétaires, Locke, Stewart, Harris, etc., conviennent qu'il ne faut se servir que d'un métal pour signe monétaire ; cela est évident, *puisque la monnaie est une mesure et qu'une mesure doit être uniforme dans toutes ses parties.* Il est impossible de trouver dans la valeur de l'or et du cuivre un rapport uniforme avec l'argent.

C'est cette confusion purement artificielle qui a introduit la proportion entre l'or et l'argent. Mais, comme cette proportion varie sans cesse, parce que l'or devenant plus ou moins rare devient plus ou moins cher, on a profité de cette vacillation pour rendre la doctrine monétaire

plus ou moins inintelligible, et, de cette obscurité, pour
faire des opérations ministérielles lucratives, ou plutôt des
manipulations frauduleuses.

L'argent peut donc être appelé monnaie *constitution-
nelle*, tandis que l'or et le cuivre ne donnent qu'une monnaie qu'on peut appeler signe *additionnel*.

II. — Lois organiques du Système monétaire en France

Quatre ans après le mémoire de Mirabeau, paraissent :
1. La loi du 18 germinal an III (7 avril 1795). Elle
constitue le système métrique des poids et mesures ; l'unité
monétaire prend le nom de franc.
2. La loi du 28 thermidor an III (13 août 1795). Elle
porte que l'unité monétaire conserve le nom de franc ;
que le titre de la monnaie d'argent sera de 9 parties de ce
métal et d'une partie d'alliage ; que la pièce de 1 franc sera
à la taille de 5 grammes, celle de 2 francs à la taille de
10 grammes, celle de 5 francs à la taille de 25 grammes.
Les poids et les valeurs de ces monnaies d'argent sont
conformes aux principes du système métrique.

On nomma un nouveau Comité pour élaborer le rôle
de l'or. D'abord, suivant le principe posé par Mirabeau,
on autorisa la frappe de disques d'or de 10 grammes à
9 dixièmes de fin, ce qui était d'accord avec le système
métrique pour l'or comme pour l'argent.

Le Comité n'osa pas fixer un prix sur un disque qui
pouvait changer de valeur. Il ne manquait pas de pré-
cédents. La guinée et le souverain anglais sont des pièces
d'or qui ne portent aucun prix marqué et qui ont varié
à diverses reprises. Les thalers Marie-Thérèse, qui, frap-
pés en Autriche, circulent en Afrique, sont dans le même
cas. Le louis de 24 livres et le double louis de 48 livres

n'avaient aucun prix stipulé sur la pièce même et auraient pu passer pour 20 et 40 ou 25 et 50.

Le cours de l'or, pendant que le Comité travaillait, varia de 14,78 à 15,61. S'il avait dit que le disque de 10 grammes serait reçu dans les caisses publiques pour 30 francs, ce qui faisait la proportion de 15 à 1, l'or comme l'argent restait dans un rapport simple avec le système métrique. *Le public n'aurait pas confondu l'or et l'argent*, de manière à laisser des gens sans conscience commettre une des plus grandes escroqueries qui aient jamais dépouillé le genre humain.

L'article VI du projet de l'an IX disait : « S'il survient un « changement, *c'est l'or seul qui sera refondu.* » Au bout de huit ans, le Comité accoucha de la loi du 7 germinal an XI (27 mars 1803); elle répète que 5 grammes d'argent, au titre de 9 dixièmes de fin, constituent l'unité monétaire sous le nom de franc, et ordonne de frapper des pièces d'or de 20 francs, à la taille de 155 au kilogramme.

Parce que ce Comité a ordonné de frapper des pièces d'or de 20 francs du poids de 6 grammes 45161, est-ce à dire qu'on aurait pu un jour *discuter la légalité du franc véritable*, mesure et base de tout l'édifice qui a, pendant les trois quarts d'un siècle, servi de clef de voûte à toutes les monnaies ?

III. — La Période de 1795 a 1848

Le monnayage de la France, de 1795 à 1848, s'est réparti de la manière suivante, entre l'argent et l'or :

Argent..............	4.115.962.604 »
Or..................	1.217.053.040 »
TOTAL........	5.333.005.644 »

Ce qui fait pour l'argent une proportion de 77 o/o, contre une de 33 o/o pour l'or.

Jusque-là, le changement introduit à la loi de germinal et aux principes posés par Mirabeau n'avait pas eu grande influence sur la valeur de la monnaie d'argent.

L'Angleterre, qui était au papier-monnaie pendant les guerres du premier Empire, adopta en 1817 l'or pour mesure et relégua l'argent au rôle de monnaie d'appoint. Lord Liverpool fit valoir que l'or est plus commode pour les pays riches, qu'il conserve mieux son empreinte. Il traita Locke et autres savants d'*illusionnaires*.

La livre-sterling, unité anglaise, est d'un poids de 7 grammes 998, au titre de 916 millièmes 66 de fin; ce poids et ce titre n'ont pas une relation simple avec le système métrique.

Afin de frapper de nouvelles pièces, pour ramener ses billets de banque au pair, l'Angleterre puisa du numéraire en France :

1819................	3.575 livres sterling
1820................	949.516 —
1821................	9.520.759 —
1822................	5.356.788 —
1823................	579.386 —

TOTAL...... 16.410.024 livres sterling.

Comme elle n'a besoin que du tiers, au maximum, de la quantité de monnaie qu'il y a en France, l'Angleterre a toujours pu y trouver l'échange de l'or pour de l'argent ou de l'argent pour de l'or, sans altérer la relation fixée par la loi de germinal.

Si la France avait alors suspendu la frappe de l'argent, comme elle l'a fait en 1874, l'Angleterre eût puisé exclusivement dans la monnaie d'or les *417 millions* qui lui ont été nécessaires ; l'or français eût été raréfié, *sa valeur eût doublé*, et les inconvénients éprouvés aujourd'hui se seraient fait sentir alors.

En 1810, les colonies espagnoles du Mexique et du Pérou se révoltent : la production de l'argent tombe de plus d'un tiers de 1810 à 1820, de plus de moitié de 1820 à 1830.

La production de l'or, qui avait dépassé 80 millions de 1740 à 1760, tomba à moins de 40 millions; cette diminution d'extraction des métaux précieux en fit augmenter la valeur et augmenta le poids des dettes.

La moyenne officielle du cours du blé en France était de :

> 24 fr. 61................ de 1810 à 1820
> 18 fr. 25............... de 1820 à 1830
> 18 fr. 11 .... de 1830 à 1840

Les plus bas prix sont de 1833 à 1838 ; la moyenne est de 16 fr. 59.

En décembre 1838, les prix suivants étaient cotés à Berlin :

1 kilog. d'or achetait 1,611 kilog. de cuivre; prix en francs: 192,21 les 100 kilog.

1 kilog. d'or achetait 9,700 kilog. de fer ; prix en francs : 34,87 les 100 kilog.

1 kilog. d'or achetait 20,794 kilog. de froment; prix en francs : 14,83 les 100 kilog.

1 kilog. d'or achetait 27,655 kilog. de seigle ; prix en francs : 11,24 les 100 kilog.

1 kilog. d'or achetait 31,717 kilog. d'orge ; prix en francs : 9,80 les 100 kilog.

1 kilog. d'or achetait 32,696 kilog. d'avoine ; prix en francs : 9,11 les 100 kilog.

Ces chiffres proviennent d'un mémoire de M. de Hum-

boldt ; il y constate que la moyenne des prix, de 1824 à
1838, a été de 14 o/o inférieure à celle de 1816 à 1830.
*Il attribue cette diminution de prix à l'amélioration de la
culture ; c'est une erreur: la dépression a été la même
dans toute l'Europe, les chefs de la statistique la cons-
tatent aussi dans l'Inde.* Elle coïncide avec une diminution de production de l'argent et a pour cause *la hausse de
ce métal.*

Si la valeur de l'argent n'avait pas changé, le cours
des produits agricoles eût augmenté, malgré le meilleur
emploi du sol et l'accroissement de production. En effet,
une monnaie théoriquement invariable mesure au passage
tous les produits qui s'échangent entre eux *et doit, à
toutes les époques, être l'équivalent d'une même quantité
prise dans la moyenne de l'ensemble.*

Le prix moyen du blé a été, en 1847, de 21 fr. 01 ; c'est
le cours le plus élevé de la première moitié de notre siècle.
Une récolte médiocre de 60,696,968 hectolitres, contre une
moyenne de 72 millions dans la décade précédente, en est
la principale cause ; mais *l'affluence monétaire résultant
d'une plus grande production d'argent et une grande
expansion de crédit y contribuèrent aussi.*

Le rouble, monnaie fiduciaire russe, atteignit et même
dépassa le pair. Le rouble-papier a été établi en Russie
en 1768 ; il représente une monnaie d'argent de 20 gr. 725
au titre de 868 millièmes, correspondant à 17 gr. 999 de fin ;
il équivaut à 4 francs de 5 gr. à 9 dixièmes de fin. *La valeur de l'argent qu'il représente doit être sa valeur maxima,
puisque, s'il devient insuffisant, on doit pouvoir faire
frapper des roubles équivalents en argent.*

Le système monétaire employé dans cet Etat semble
avoir amené la prospérité. La population de la Russie

n'était que de 22 *millions* d'habitants en *1768 ;* elle dépasse actuellement *130 millions*. Celle de la France était environ de *26 millions ;* elle est à peine de *38 millions* aujourd'hui, y compris 150,000 étrangers avoués et 2,000,000 de Juifs déguisés. La Russie est le pays d'Europe dont la population s'est le plus développée, et la France celui où elle a le moins augmenté.

Le gouvernement russe a toujours, jusqu'ici, réglé sa monnaie d'une manière humaine et équitable ; il faut souhaiter qu'il ne se laisse pas entraîner par cette espèce de vertige transmis du Juif au chrétien qui fait que, par crainte de voir diminuer la valeur de la monnaie, on l'augmente de manière à rendre impossible la marche financière du monde.

En 1839, le czar Nicolas, pour relever le niveau du rouble, qui perdait 3 1/2 pour 1, n'a pas triplé le droit des charges et des dettes ; mais il permettait de les liquider avec la valeur des anciens roubles, c'est-à-dire en les réduisant à leur valeur réelle.

Aujourd'hui le rouble a acquis et tend à dépasser sa mesure argent ; l'opinion publique universelle est tellement faussée par une prétendue baisse de ce métal, qu'il pourrait arriver ce qui se passe en Autriche et que cette grande prospérité ne soit suivie par un mouvement rétrograde. Déjà, en 1877, le czar a signé un ukase établissant la monnaie d'or dans le grand duché de Finlande ; pareille mesure adoptée pour tout l'Empire serait la ruine.

La Russie a de la terre et des hommes ; il lui faut du blé, des enfants, des soldats. Elle ne prête pas, comme l'Angleterre ; sa monnaie est celle du producteur : l'argent.

4

IV. — La période de 1848 a 1874

Une monnaie de papier, représentative d'un poids d'argent, ne peut et ne doit être relevée au delà de la valeur qu'elle aurait *si c'était le métal même*, qui seul lui donne la fixité. *La valeur intrinsèque de la monnaie dépend de la quantité que l'on en émet, lorsqu'elle n'en a pas elle-même, comme les billets.*

En France, une forte proportion de la monnaie reste à l'état latent ; la moitié à peine circule. Une émission d'un tiers, d'un quart, doublerait les prix de vente ; un retrait proportionné produit le résultat inverse.

A la fin du règne de Louis-Philippe, une contraction soudaine de la monnaie en a doublé la valeur. Rentes, valeurs, actions, propriétés, produits, subirent une baisse de moitié. Le cours moyen du blé, de 1848 à 1853, fut, en France, de 15 fr. 95 ; ceux qui avaient des dettes échues et représentant *la moitié de leur actif* furent expropriés.

Une émission de billets d'Etat *d'un milliard* eût remplacé la monnaie immobilisée et empêché la crise. L'action automatique de la loi de thermidor an III produisit le même effet, *mais avec trop de lenteur.*

La frappe, de 1848 à 1851, fut de 460 millions argent, 427 millions or ; elle fut triple de ce qu'elle était sous le règne de Louis-Philippe ; beaucoup de vaisselle d'argent fut convertie en monnaie.

A partir de 1852, une révolution arriva dans la production de l'or ; les placers de la Californie et de l'Austalie, qui l'avaient déjà triplée de 1848 à 1851, jetèrent 952 millions sur le marché en 1852, et 775 en 1853. Une pareille avalanche *eût effondré la valeur de l'or*, si on avait eu *le disque de 10 grammes* et qu'on l'eût réduit de 30 à 20 ou à 10 ; mais personne ne relut la loi, et on laissa frapper l'or librement.

Le monnayage de ce métal auxiliaire, qui n'avait été que de 300 millions de 1824 à 1840, passa sans coup férir à milliards de 1852 à 1860. *D'une moyenne annuelle de 12 millions dans ces vingt-quatre années, il passa subitement à 500 millions, c'est-à-dire à quarante fois le chiffre précédent.*

La production de l'argent, qui avait atteint 227,772,300 francs de 1849 à 1853, recula, sous l'effet de cette concurrence, à 220,224,000 francs de 1853 à 1857. La baisse de ce métal, effet de la substitution de l'or, eut une influence immédiate sur sa production, ce qui prouve que *cette production dépend de sa valeur* et que Locke avait raison de dire que l'argent est le meilleur métal pour servir de mesure monétaire. Pendant l'irruption de l'or de Californie et d'Australie, c'est le moment où l'argent a été le plus avili.

Après 1860, la production de l'or tombe à moins de 600 millions jusqu'en 1872. *L'argent reprend son niveau et sa production, une marche ascendante plus lente que celle des autres corps: 220 millions en 1857, 350 millions en 1874.*

Le cours moyen du blé a été, de 1850 à 1860, de 22 fr. 10 ; de 1860 à 1870, de 23 fr. 60.

En 1870, pendant la guerre, le gouvernement autorisa les particuliers à émettre du papier-monnaie, prorogea les échéances, et les Chambres votèrent le cours forcé des billets de la Banque avec une limite fixée d'abord à 1,800 millions, puis portée à 2,800 et 3,200 millions. L'État, qui autorisait la Banque à ne pas rembourser ces billets, lui emprunta 1,500 millions ; d'une main il l'autorisait à émettre des billets, de l'autre il lui en retirait une partie.

Pourquoi le gouvernement, qui représente la nation avec 200 milliards, a-t-il recours à un établissement qui

n'a que 182 millions de capital et se met-il ainsi à la
merci d'une société privée ? Cela coûtait 15 millions de
plus par an que si le gouvernement avait fait ces billets,
comme les Etats-Unis en 1865. Mais, en France, il a un
pouvoir occulte qui semble avoir étouffé le sens commun.

A la faveur des émissions de 1870-1873, le prix du blé
monta à 25 fr. 85 l'hectolitre.

Après la guerre de 1870, l'Allemagne, dont les hommes
d'Etat voulaient avoir leur part du gâteau, adopta, commé
l'Angleterre, l'or pour mesure.

Le 12 jévrier 1873, les Etats-Unis, qui n'avaient plus
que du papier-monnaie depuis la guerre, votèrent une loi
basée sur le même principe ; ce vote fut escamoté. On
avait parlé de codifier les anciens statuts de la monnaie,
qui autorisaient la frappe des pièces suivantes : aigle,
double-aigle, demi-aigle, quart-d'aigle, trois dollars et un
dollar en or, trade-dollar, (lingot d'argent pesant 57 grammes 215, équivalant à la pièce mexicaine qui circule en Asie,
mais qui n'a pas cours légal aux Etats-Unis). Ce trade-dollar, d'une valeur intrinsèque supérieure au vrai dollar qui
est l'unité des Etats-Unis, du poids de 26 grammes 729 à
9 dixièmes, fut mis dans le projet, *et le vrai en fut retran-
ché*. La liste des monnaies divisionnaires suivait ; elles ont
un pouvoir payant limité. Le Congrès et le Sénat votèrent,
croyant rétablir les anciens statuts de la monnaie, sans se
douter de la supercherie ; le président Grant, après avoir
signé la loi, le remarqua et dit au sénateur Becks, du Kén-
tucky : « Pourvu qu'on ne nous ait pas floués ! »

On reconnut bientôt qu'il n'y avait ni erreurs ni omis-
sion, *mais bien une supercherie effrontée*. Les forbans qui
avaient éliminé le dollar-argent, seule pièce de ce métal
ayant cours légal illimité, tentèrent encore de limiter celui
des anciens dollars ; mais les pouvoirs publics étaient
avertis : la motion ne passa plus.

En juillet 1873, l'Allemagne enleva à l'argent le pouvoir payant illimité, sauf pour les vieux thalers.

V. — Première Atteinte, en 1874, aux Lois monétaires organiques

Ces changements seraient passés inaperçus, sans secousse sociale, si la loi française, clef de voûte monétaire de l'univers, n'avait été escamotée comme celle des Etats-Unis.

En 1853, la France, qui n'avait que deux milliards de monnaie d'après M. Léon Say, et qui n'avait frappé que 300 millions d'or pendant les règnes de Charles X et de Louis-Philippe, supporta le choc de l'avalanche de l'or californienne, en en frappant 500 millions par an. Devait-elle s'alarmer, en 1874, devant une somme limitée que l'Allemagne venait de démonétiser et qui devait se répartir dans le monde entier?

Strictement, le passage inopiné de la frappe annuelle de 12 millions 1/2 d'or à celle de 500 millions était absurde et illégal. L'or n'étant qu'une monnaie accessoire, cette action eut pour résultat de réduire la valeur de notre mesure légale ; les cours du blé furent en moyenne 29 fr. 09 en 1854, 29 fr. 37 en 1855, 30 fr. 22 en 1856. *On chassait l'argent;* mais les choses reprirent leur niveau, car aucune loi n'avait consacré son exclusion.

Tout empêchement de la frappe libre de l'argent est une illégalité, un crime dirigé contre la société. Celui de 1874 fut précédé d'un coup d'assommoir, porté par la Banque de France.

Du 31 octobre au 31 juillet 1874, elle retira de la circulation 494 millions d'espèces, 515 millions de ses billets et força le retrait immédiat de plus de 600 millions de petits billets de 5, 10 et 20 francs en les faisant refuser à ses guichets, aux caisses publiques, aux chemins de fer et en poursuivant les émetteurs.

Ces retraits précipités avaient fait baisser la farine à Paris de 93 fr. 50, cours d'octobre 1873, à 50 francs, cours de juillet 1874, et jetèrent le désarroi dans le commerce et l'industrie.

Si la France avait dû payer 50 milliards en dix annuités à l'Allemagne, cette somme fantastique, répartie d'une manière équitable en proportion des moyens de chacun, eût produit un effet moins injuste et moins désastreux que celui qui résulta du changement de valeur de la monnaie et de l'affaissement des prix. Le glas de l'agriculture avait sonné.

Le fonctionnement de la loi de thermidor eût atténué, par la frappe libre de l'argent, l'effet de ces retraits violents et précipités; mais Rothschild trouva un moyen de la paralyser.

Par le biais de l'Union Latine, où la France avait tous pouvoirs, puisqu'elle avait huit fois plus de monnaie que les autres puissances, il fit limiter la frappe des écus d'argent à 216 millions pendant les années 1874, 1875, 1876, 1877. Le total des retraits dépassait 2.700 millions dès 1876.

L'Angleterre n'a pas deux milliards de monnaies effectives ; les statuts de la Banque l'empêchent de pouvoir y varier la circulation *de 200 millions*. Une addition de 500 millions enflerait les prix de moitié ; un retrait équivalent y amènerait une crise sans précédent. Par le rétablissement de la frappe libre de l'argent et l'abolition de la proportion de 1 à 15 1/2 entre l'or et l'argent, l'Angleterre serait obligée de changer sa monnaie ; elle perdrait la moitié de ses revenus et paierait sa nourriture un prix double. L'argent est donc bien l'arme de combat.

La Russie n'a que 800 millions de roubles en papier
monnaie, d'une valeur de 2 milliards environ. Si le czar
en retirait un quart, les produits et les propriétés devien-
draient invendables ; ce serait la ruine de l'agriculture et
un arrêt immédiat dans le développement de la population.

On a pris pour prétexte que l'argent allait baisser. En
1874, il était au pair, et les marchandises avaient baissé de
30 o/o ; en 1876, *il était à 14 o/o de perte, alors que
les marchandises avaient diminué de moitié.*

Dans un pays où la monnaie a été réduite en poids de
88 à 1, en valeur de 1.000 à 1, pouvait-on violer la loi,
même si l'argent avait baissé ; qui en avait le droit ?
Etait-ce le cas de doubler clandestinement toutes les charges, alors qu'il fallait se mettre à la torture pour créer de
nouveaux impôts tous anti-économiques, injustes, oppri-
mant le faible et n'effleurant pas les financiers qui auraient
dû en supporter la plus grande part ?

Impôts, intérêts, charges fixes de toutes natures, exprimées en francs, ont doublé de valeur, et la tendance est
encore vers un état d'aggravation.

Le czar Nicolas a agi autrement en 1839. Le rouble
était déprécié ; pour le remettre à sa valeur, il a employé
un moyen judicieux et équitable : il a fondé une banque
de circulation et de dépôt ; puis, par une déclaration du
1ᵉʳ juillet, il a décidé que l'ancien rouble serait échangé
contre des billets de la banque impériale, au cours de
3 1/2 pour 1, le cours du jour. La transition a été faite
en Russie sans secousse et sans altération du sens des contrats ; les créances anciennes étaient réglées au cours de
l'ancien rouble ou transformées avec la réduction du change fixée par le czar.

VI. — LA RÉVOLUTION MONÉTAIRE DE 1876 : SUSPENSION DE LA FRAPPE DE L'ARGENT

Quoique les produits eussent déjà baissé de moitié, Rothschild trouva que ce n'était pas assez et fit présenter aux pouvoirs publics, en janvier 1876, un projet de loi pour faire *suspendre la frappe d'une manière absolue.*

Je publie ce projet de loi, avec son exposé des motifs, en y joignant le texte de la loi elle-même, qui, après avoir été délibérée au Sénat les 13, 14, 21 et 23 juin, puis à la Chambre le 2 août 1876, fut promulguée le 5 du même mois, et mise en vigueur par un décret en date du lendemain.

Projet de loi relatif au droit de limiter et de suspendre la fabrication des pièces de cinq francs en argent.

EXPOSÉ DES MOTIFS. — La Convention de 1865 a établi pour quinze années une Union entre la Belgique, la France, l'Italie et la Suisse en ce qui regarde le poids, le titre, le module et le cours de leurs espèces monnayées d'or et d'argent.

Le principe de cette Union consistait :

1. Dans une identité absolue des monnaies des quatre puissances au point de vue du titre et du poids, la seule différence étant dans l'effigie ;

2. Dans la fabrication illimitée, au profit des détenteurs de métaux précieux, des pièces d'or de toutes coupures et des pièces d'argent de 5 francs, avec admission réciproque desdites monnaies dans les caisses publiques des Etats de l'Union ;

3. Dans la limitation à un contingent déterminé de 6 francs par tête d'habitant (239 millions pour la France) de la fabrication pour le compte de l'Etat des monnaies d'appoint.

Cette convention consacrait le principe de notre législation intérieure, qui est celui de la faculté illimitée, pour les détenteurs de métaux précieux, de convertir ces métaux en monnaie ; ce qui veut dire qu'on peut payer ce qu'on doit, en France, avec des métaux précieux tirés des pays de production.

Depuis 1865, une certaine dépréciation étant survenue dans la valeur de l'argent, les puissances signataires de la convention ont cru prudent, à partir de 1874, de limiter la fabrication des pièces de 5 francs en argent. Un contingent total a été assigné à l'Union.

Le contingent de 120 millions pour 1874, élevé à 150 millions pour 1875 et ramené, pour 1876, à 120 millions (1), constituait pour l'ensemble des puissances un maximum de fabrication.

Le contingent spécial de la France a été : en 1874, de 60 millions ; en 1875, de 75 millions.

Il est, en 1876, de 54 millions, avec faculté d'engager la fabrication, en 1877, pour 27 millions ; ce qui implique, pour les engagements à prendre par les hôtels des monnaies, une limitation à 81 millions jusqu'à nouvelle entente. Mais, comme la législation intérieure de la France n'a pas été changée, le contingent, qui est un maximum au point de vue de l'Etat, devient au contraire un minimum au point de vue des particuliers.

En effet, du moment que la France peut laisser fabriquer pour 54 millions de francs en pièces de 5 francs, les détenteurs d'argent sont autorisés à soutenir qu'on ne doit pas et qu'on ne peut pas les priver du droit de convertir leurs lingots en monnaie, tant qu'on ne viole pas la convention internationale, c'est-à-dire tant qu'on n'a pas atteint la limite assignée. Ils peuvent donc demander à faire fabriquer des pièces de 5 francs jusqu'à épuisement complet du contingent de la France.

Il nous paraît opportun, dans les circonstances actuelles, de faire concorder notre législation monétaire intérieure avec ce que nous pouvons appeler notre législation monétaire internationale.

Déjà la Belgique est entrée dans cette voie, et une loi intérieure du 18 décembre 1873 a accordé au gouvernement le droit de limiter et de suspendre la fabrication des pièces de 5 francs en argent, même en dehors de toute convention internationale. C'est ce même droit que nous vous demandons de nous conférer.

Il est convenable en effet, en présence de la dépréciation

---

(1) La Grèce a été admise à entrer dans l'Union, et le contigent qui lui a été attribué a été formé avec les prélèvements faits sur les contingents des autres puissances : c'est pour cette raison que, le contingent total étant le même qu'en 1874, le contingent de la France se trouve néanmoins réduit de 6 millions de francs. *(Note de l'Exposé.)*

très sensible de la valeur de l'argent, de prendre une situation
expectante, c'est-à-dire de ne pas augmenter la quantité des
pièces d'argent dont l'Etat est responsable, et dont l'échange
contre des pièces d'or, si cet échange devenait nécessaire, devrait être fait au compte et aux frais de l'Etat.

Nous ne croyons pas devoir traiter la question de principe, et nous n'avons pas la prétention de résoudre le problème
du double ou du simple étalon monétaire.

Les phénomènes de hausse ou de baisse dans la valeur respective des métaux précieux sont des phénomènes difficiles à
expliquer et dont les mouvements se développent sur un grand
nombre d'années. Ce que l'on croit être une baisse permanente
n'est souvent qu'une oscillation dont la loi n'est connue qu'a-
près un délai prolongé.

Il n'en est pas moins vrai que l'argent se déprécie et que
des causes diverses peuvent être considérées comme ayant été
et comme étant encore en action pour amener ce résultat.

Si le rapport entre la valeur de l'or et celle de l'argent est
destiné à subir de grandes variations, il y aura lieu de chercher des solutions. Aujourd'hui, nous vous demandons de ne
rien compromettre et de poursuivre l'étude des faits en restant
dans le *statu quo*.

Les causes de la dépréciation de l'argent sont multiples, et
l'influence de chacune de ces causes est diversement appréciée.
En résumé, elles peuvent se ramener à trois principales :

La première est la démonétisation de l'argent en Allemagne,
et l'exportation forcée qui en est résultée. L'argent exporté a
dû être vendu, pour obtenir en échange l'or destiné à la fabrication des nouvelles monnaies d'or allemandes qui remplacent
les pièces d'argent du système des thalers et des florins.

La seconde cause est la production croissante des mines
d'argent de l'Amérique du Nord.

La troisième est la diminution considérable qui s'est produite,
depuis un certain nombre d'années, dans les importations
de lingots d'argent et d'espèces d'argent monnayées dans l'Inde
anglaise.

Cette diminution tient aux récoltes de l'Inde, aux famines
qui ont été la conséquence des récoltes insuffisantes, au changement qui s'est produit dans la nature, la quantité et la valeur

des produits échangés entre l'Europe et l'Inde. Elle tient aussi à l'augmentation de dépenses faite par le gouvernement de l'Inde, en Angleterre, pour le payement des pensions des employés en retraite et pour le payement des intérêts des capitaux dépensés en travaux publics dans l'Inde et fournis par l'Angleterre. L'exportation des marchandises de l'Inde sert à payer ces sortes de dettes, et les retours, qui se faisaient autrefois en argent, s'opèrent pour ainsi dire en compensations.

De ces trois causes, la première, c'est-à-dire l'adoption de l'étalon d'or par l'Allemagne, aura un effet limité. Lorsque le stock d'argent de l'Allemagne aura été absorbé, les choses pourront peut-être prendre une autre tournure. Il manquera un acheteur d'argent sur le marché des nations ; mais enfin, il n'y aura plus de ventes forcées, et pour ainsi dire à tout prix, du métal retiré de la circulation par le gouvernement allemand.

Quant aux deux autres causes, leur effet peut être plus durable. Cependant on doit reconnaître qu'elles sont, par nature, essentiellement variables. Des récoltes plus abondantes dans l'Inde, le changement de certains prix, une modification dans le cours des opérations commerciales entre l'Angleterre et l'Inde, auraient une influence immédiate sur la valeur de l'argent. Il pourrait se faire aussi que le produit des mines d'argent, aux Etats-Unis, fût moins considérable dans quelques années qu'on ne le croit actuellement.

Il est enfin une dernière hypothèse qui n'est pas invraisemblable et qui rehausserait la valeur relative à l'argent : ce serait la découverte de nouvelles mines d'or et une reprise dans la production de ce métal.

Il y a donc dans cette grave question, et quelle que soit l'importance des faits constatés, beaucoup d'inconnu encore, en ce qui touche le rapport qui s'établira, dans l'avenir, entre la valeur de l'argent et celle de l'or.

Dans ces circonstances, il nous paraît prématuré de considérer la baisse de l'argent comme un fait définitif, et imprudent de la considérer comme un fait à dédaigner. C'est pourquoi, sans rien changer à notre législation monétaire au point de vue des espèces existantes, nous croyons qu'il y a lieu de prendre des mesures pour empêcher qu'il ne se produise d'augmentation dans la masse monétaire d'argent qui se trouve en ce moment en France sous forme de pièces de 5 francs.

Nous vous demandons la faculté de limiter ou de suspendre la fabrication des pièces de 5 francs, et nous userons de cette faculté selon les circonstances et conformément aux besoins de la circulation.

Nous avons, en conséquence, l'honneur de vous proposer d'adopter le projet de loi suivant :

PROJET DE LOI. — *Article unique.* — La fabrication des pièces de 5 francs en argent pourra être limitée ou suspendue par décrets.

Loi relative au droit de limiter ou de suspendre la fabrication des pièces de cinq francs en argent.

Le Sénat et la Chambre des Députés ont adopté,

Le Président de la République promulgue la loi dont la teneur suit :

Article 1er. — La fabrication des pièces de 5 francs en argent, pour le compte des particuliers, pourra être limitée ou suspendue par décret.

Article 2. — La présente loi n'aura d'effet que jusqu'au 31 janvier 1878.

La présente loi, délibérée et adoptée par le Sénat et par la Chambre des Députés, sera exécutée comme loi d'Etat.

Fait à Versailles, le 5 août 1876.

Maréchal de MAC-MAHON,
duc de Magenta.

Par le Président de la République :
    Le ministre des finances,
        Léon SAY.

Dans sa séance du 28 janvier 1878, le Sénat, après une courte discussion entre M. de Parieu et le Ministre des finances, adopta, à l'unanimité de 244 votants, le projet présenté par le gouvernement qui prorogait jusqu'au 31 mars 1879 les effets de la loi du 5 août 1876, en vertu de laquelle le gouvernement est autorisé à limiter ou à sus-

pendre par décret la fabrication des pièces de 5 francs en
argent pour le compte des particuliers. La Chambre émet-
tait un vote conforme le 31 janvier, et la loi était promulguée le jour même.

Depuis 1878, les lois et décrets ont maintenu, en France,
la suspension de la frappe de l'argent.

VII. — Conséquences de cette Révolution

On avait été plus de quatre ans après le mémoire de Mirabeau du 12 novembre 1790, avant de promulguer la loi
du 7 avril 1795, qui a été le pivot monétaire du monde,
qui a contribué à quadrupler sa population et à décupler
sa puissance productive en quatre-vingts ans, 1793 à 1874.
M. Léon Say ne perdit pas un jour pour la mettre à néant
et jeter le monde dans un chaos monétaire épouvantable.

Pourquoi a-t-on immédiatement interdit tout dépôt
d'argent à la Monnaie ? Qui a été le bénéficiaire de la
frappe des 27 millions autorisés pour 1877 ? C'était un
rebut qui, transformé en argent français, donnait un bénéfice de 4 millions.

Pourquoi ce luxe de solennité dans la loi (La présente
loi, délibérée et adoptée par le Sénat et la Chambre des
Députés, sera exécutée comme loi d'Etat.) ? Rothschild
ignorait-il que les députés, sénateurs et Président de la
République n'y avaient pas vu malice ?

Personne n'avait compris le crime qu'on légalisait.
L'Union Latine servit de prétexte à ce forfait.

L'argent de l'Allemagne avait déjà été vendu en partie,
900 millions sur 1,500, dont la France avait frappé 216 millions ; l'Allemagne ne pouvait plus en vendre ; la production de l'argent, 354 millions en 1874, n'atteignait pas le
double de ce qu'il était en 1780. Ce n'était pas la dixième

partie de l'augmentation des produits dont il est la mesure.

Pourquoi ce retrait vertigineux de 1.600 millions en huit mois, plus de 2.700 millions en deux ans? Les Etats-Unis ont émis 3.500 millions de papier pendant la guerre ; ils en ont encore moitié en circulation après trente ans. Pourquoi a-t-on retiré le papier, violé la loi et produit une crise sans précédent historique ?

La France avait dû faire plusieurs emprunts pendant et après la guerre, notamment celui de Thiers pour la libération du territoire : 5 milliards, au taux 78 fr. 50 le 5 o/o, soit un taux de 6 1/2 o/o, et plus de 135 millions de commission. Voyant le public souscrire, la haute banque en prit, après coup et sans versement, la plus grosse part, aux dépens de ceux qui avaient versé et qui n'eurent qu'un huitième de leur souscription. Mais 6 1/2 o/o d'intérêt, 135 millions de commission, pas d'impôts, tandis que ceux qui faisaient les fonds en étaient écrasés, ne suffisaient pas au vampire ; il fallait violer la loi, mettre l'univers dans l'anarchie monétaire *pour augmenter indéfiniment la valeur des arrérages*.

Toute convention dont la solution est exprimée en francs est un contrat dont on ne peut changer les conditions d'un côté plutôt que d'un autre : celui qui a vendu du plomb ne peut pas livrer du fer ; celui qui a acheté payable en francs doit fournir des francs de 5 grammes d'argent, et non des francs fantastiques dont le vendeur fixe après coup la mesure.

C'est en vain que les Etats-Unis sollicitent la France pour restituer à l'argent sa véritable mission ; peine perdue. Les Etats-Unis ont voté en 1878 la frappe d'un minimum de 2 millions de dollars par mois. Ce chiffre a été porté à 4.500.000 en 1889 ; mais, *en quinze ans,* cela n'équivaut pas à ce que Rothschild a retiré de la circulation *en huit mois*, alors qu'avec l'augmentation de production, il fallait, au contraire, une augmentation correspondante de numéraire.

Les Anglais ont une loi qui leur a réussi, parce que la France n'a pas observé la sienne ; s'ils consentent à admettre l'argent, comme ils sont juifs, prêteurs et créanciers dans le monde entier, ils voudraient consolider la valeur actuelle de l'or, qui est double de ce qu'elle était il y a vingt ans, et porter le franc de 5 grammes à 7 ou 8 grammes, alors que l'argent a haussé de 20 o/o, *en un mot légaliser ce qui est.*

Quand les plus grands emprunts ont été émis, les produits avaient une valeur *double* de celle d'aujourd'hui. Par suite, les emprunteurs doivent, pour s'acquitter, *vendre* une quantité *double*, et l'*absorption* qui en résulte a fait que les prêteurs peuvent toujours fournir à de nouveaux emprunts, que les producteurs déroutés sont obligés de contracter jusqu'à épuisement complet.

L'état actuel des choses est contre nature ; il absorbe presque tout le produit du travail de la partie la plus honnête, la plus utile de la société.

De 1874 à 1878, 37.000 kilomètres de chemins de fer ont été séquestrés et ont subi la vente forcée aux Etats-Unis ; c'est presque l'équivalent de tout le réseau français. Les lignes secondaires en France ont subi le même sort, absorbées par les grandes compagnies ; le monopole exploite le public comme le fisc. Le prix moyen kilométrique en France est de o fr. o55 par tonne ; il est, aux Etats-Unis, de o fr. o45 par 1650 mètres. Le tarif en France, pour les parcours entiers où la concurrence se fait sentir, est moitié ou tiers inférieur à celui des *parcours intérieurs* ; des tarifications compliquées empêchent le public de s'y reconnaître. Des prélèvements faits de cette manière s'ajoutent à une taxation qui ruine le contribuable et paralyse l'augmentation de la population.

En 1870, le nombre des faillites était de 3.223 ; en 1878, de 10.474 ; pour les agriculteurs elles avaient *sextuplé*. L'impôt absorbe en France *deux fois et demie la récolte du blé* ; avec les autres charges, celle-ci *est absorbée quatre fois avant d'être semée.*

Dans le monde entier, une récolte et demie de blé ne suffit plus pour payer les intérêts.

L'Inde a 280,000,000 d'habitants ; elle récolte 100 millions d'hectolitres de blé par an ; soit, en moyenne, 30 litres par habitant, déduction faite de la semence. La France récolte 100 millions d'hectolitres par an ; elle consomme 290 litres par habitant.

En 1870, l'Inde n'a exporté que 39,854 quintaux de blé, *50,000 hectolitres.* Depuis 1880, c'est par an plus de 20 *millions* d'hectolitres, et la famine y moissonne par an plus de 2 millions d'êtres humains, à la gloire de la philanthropique Angleterre. Du 12 avril 1890 au 18 février 1891, c'est 19,644,800 hectolitres, plus de 22 millions pour l'année entière.

Cette exportation de blé, de pays où l'on meurt de faim dans d'autres où on en regorge et où elle paralyse l'agriculture, *est imposée par l'aggravation des charges exigibles en monnaies.* L'ensemble des produits avec lesquels on règle les intérêts ayant diminué de moitié, il en faut une quantité double, dont l'écoulement effondre les prix. Le blé forme un appoint de 250 millions, ce qui ne représente pas même le tiers de ce que l'Inde doit fournir en plus à ses créanciers anglais. Trois millions de tonnes de céréales, de riz, fruits oléagineux, d'une exportation forcée, ruinent les agriculteurs du reste du monde.

La frappe libre de l'argent permettrait à la Russie de payer l'intérêt de sa dette avec moitié moins de blé, et de le consommer chez elle, au profit de sa population. La Russie, en effet, doit payer annuellement environ 725 millions ; la mesure d'or actuelle en double la valeur. Elle ne récolte que 80 millions d'hectolitres de blé, pour une population de 130 millions d'habitants ; elle doit en exporter presque la moitié, pour régler les intérêts de ses emprunts ; *cette exportation est la cause de la mortalité qui sévit chez elle.*

La Turquie, la Roumanie, la Serbie, l'Egypte, les Républiques de l'Amérique du Sud, exportent du blé et des produits agricoles pour régler les arrérages des emprunts déjà contractés et auxquels s'en ajoutent constamment d'autres ; le progrès dans la production du blé s'est arrêté brusquement depuis cet avilissement du prix de vente.

Le blé peut se produire d'une manière illimitée ; la production se ralentit dès que le prix de vente ne couvre plus les frais. Son débouché est aussi illimité que celui de l'argent. Il faudrait deux années de la production actuelle de l'argent exclusivement consacré à cet usage, pour faire un couvert de ce métal à chaque habitant de la France. Pour que chaque Européen puisse avoir la part de blé du Français, *290 litres*, il faudrait récolter un tiers plus de blé qu'aujourd'hui.

En France, il y a des départements où l'on mange de l'orge, etc.; il y meurt de faim environ cent mille personnes par an. La consommation du blé y était : en 1813, de 133 litres par an ; en 1840, de 175 ; en 1872, de 200 ; en 1892, de 290 ; ce qui démontre combien cette consommation peut augmenter avec une aisance plus grande.

Le moyenne des pertes de l'agriculture en France, par suite du feu, de la grêle, etc., de 1871 à 1876, se chiffre comme suit :

Incendie......................	39 millions
Grêle........................	83 —
Perte de bétail..............	32 —
Gelée.	153 —
Inondations..................	32 —
TOTAL......	345 millions

La perte actuelle résultant de la différence des cours due au changement de la monnaie est d'environ 600 millions sur le blé seulement. Pour l'ensemble de la production agricole, elle dépasse 6 milliards : dix fois le montant des autres sinistres.

Pour rompre la monotonie de ces chiffres, je vais citer quelques opinions sur l'importance de la monnaie :

« La féodalité industrielle et financière qui s'élève, a dit
« Proudhon, sera plus terrible que l'ancienne ; donc, les
« privilèges auprès d'elle n'auront été que jeux d'enfants.»

Nicolas Oresme, évêque de Lisieux, conseiller de Charles V le Sage, disait, à la fin du XIV* siècle : « Parfois la
« nécessité ou l'utilité fait permettre une simple mani-
« pulation comme le *change*, ou même une convention
« mauvaise comme l'*usure*. Mais, en ce qui concerne
« l'*altération des monnaies*, il n'existe aucun motif au
« monde qui oblige ou permette de la tolérer ; des attentats
« de cette nature semblent avoir précipité la chute de
« l'Empire romain.

« Les cours et les prix des monnaies doivent être au
« Royaume comme une ferme ordonnance qui nullement
« ne doit muer ou changer.

« La mutation des monnaies est d'autant plus dangereuse
« qu'elle n'est pas sitôt sentie et aperçue du peuple, comme
« le serait une autre cueillette ; et toutefois nulle ne peut
« être ni plus griève ni plus grande.

« Encore, en la terre où telles mutations se font, le fait
« des marchandises est si troublé, que les marchands de
« mécaniques ne savent comment communiquer ensem-
« ble, et ainsi par telle mutation le monde est troublé. »

Copernic s'exprime ainsi sur le même sujet : « Quel-
« que innombrables que soient les fléaux qui d'ordinaire
« amènent la déchéance des royaumes, des principautés et
« des républiques, les quatre suivants sont, à mon sens,
« les plus redoutables : la discorde, la mortalité, la stéri-
« lité de la terre, la détérioration de la monnaie.

« Pour les trois premiers, l'évidence fait que personne
« n'en ignore ; mais, pour la monnaie, exceptés quelques
« hommes d'un grand sens, peu s'en occupent. Pourquoi ?
« Parce que ce n'est pas d'un seul coup, mais petit à petit,
« par une action en quelque sorte latente, qu'elle ruine
« l'Etat. »

Une saine appréciation de la valeur de la monnaie est
la qualité la plus nécessaire d'un bon gouvernement.

Mirabeau s'exprime dans les termes suivants : « Cette
« matière est extrêmement importante ; non seulement la
« théorie de l'art monétaire est une des premières bases
« de la science des finances, ce ressort principal de la pros-
« périté des empires ; mais elle a des rapports intimes avec
« la politique de toutes les nations, qui semblent unies par
« ce lien commun pour montrer que les peuples épars sur
« le globe ne peuvent jamais cesser d'être une famille de
« frères destinés à s'entr'aimer, à s'aider mutuellement
« dans la jouissance des droits de leur nature. »

Les prédictions de MM. de Humboldt et Duport sur la
baisse de l'argent ne se sont pas réalisés.

Le cours moyen du blé, qui peut nous servir de point
de comparaison, a été en France de 21 fr. 60 l'hectolitre

de 1795 à 1874, c'est-à-dire pendant le libre fonctionnement de la loi. Il est actuellement à moins de 16 francs l'hectolitre de 80 kilos, ou 15 francs l'hectolitre au poids naturel, ce qui fait 22 fr. 70 l'hectolitre mesuré en argent avec 35 o/o de perte.

Personne n'ignore qu'on a établi un droit de douane de 5 francs par 100 kilos, qui élève artificiellement en France de 2 fr. 80 l'hectolitre de 76 kilos. A Londres, comme à Anvers et à New-York, le cours n'est que de 12 francs l'hectolitre, et tel il serait en France, malgré le droit, si nous avions une récolte suffisante pour notre consommation.

Ce prix de 12 francs, en monnaie actuelle, ne fait que 18 fr. 30 en monnaie d'argent, prix de 18 o/o inférieur à la moyenne de 1795 à 1874. La production du blé est plus onéreuse qu'il y a cinquante ans ; main-d'œuvre et impôts ont augmenté.

Si l'on mesure la valeur de l'argent, on trouve qu'il a acquis une valeur supérieure comparée à celle du blé ; si on la compare au fer, au plomb, au coton, à la laine, à la soie, la différence est encore plus grande.

La légende de la baisse de l'argent est la plus répandue que l'on puisse imaginer. Les doléances de M. Paul Leroy-Beaulieu sont répétées chaque semaine. Il est vrai qu'il a fait deux ouvrages : *La Science des Finances*, et *La Tendance vers une moindre Inégalité des conditions*, laquelle est aussi véridique que la baisse de l'argent.

En 1850, à l'annonce de la découverte des placers, M. Michel Chevalier écrivait : « La baisse de la valeur de l'or « sous l'influence de la Californie, dans la supposition « que celle-ci réalise ses promesses, est inévitable. » Le contraire des prophéties de M. Michel Chevalier, comme des prophéties de M. Dupont, est arrivé. Après trente ans et une production de 18 milliards d'or sur un marché qui en possédait à peine 15, la valeur de ce métal a plus que doublé, parce qu'on veut lui imposer une mission pour laquelle il est impropre.

Ces prévisions se seraient réalisées, si la France n'avait pas frappé 4 milliards d'or de 1853 à 1860. Il y aurait une baisse instantanée de presque moitié sur l'or, si la frappe libre de l'argent en France était rétablie.

Quant à l'influence du fonctionnement de la loi sur la valeur de l'argent, elle serait nulle ou imperceptible. On dit que les propriétaires des mines d'argent poussent à la roue pour le rétablissement de la frappe ; peu d'entre eux comprennent cette question, et leur préoccupation est plutôt de trouver des filons riches, dont le rendement soit meilleur et moins onéreux.

L'exportation forcée de 250 millions d'hectolitres de blé de l'Inde, depuis 1874, est la principale cause de la mort de 35 millions d'êtres humains que la famine y a décimés. L'agriculture du reste du monde en est ruinée ; la production du blé, qui se développe d'une manière rapide à la suite des productions d'or et des émissions de papier monnaie, s'est vue arrêtée comme un train de chemin de fer, lancé à grande vitesse, venant se heurter à un train beaucoup plus lourd marchant en sens inverse.

Bien des journaux affirment la prospérité de la France parce qu'il y a 1700 millions d'or à la Banque, que les recettes des chemins de fer et du budget se maintiennent ; mais on ne voit pas que l'édifice est miné dans sa base.

« Le labourage et le pâturage sont les mamelles de la « France, disait Sully. » « Il est impossible qu'on se passe « de monnaie, a dit Mirabeau. Sans elle, l'agriculture, cette « inépuisable nourrice des sociétés humaines, languirait. »

Rothschild et les financiers qui ont presque ruiné la France s'en partagent les dépouilles ; la corruption est le résultat de la misère et de la dépendance que produit cette iniquité. L'or, qui leur sert de moyen pour perpétrer cette immense filouterie, qu'on fait considérer comme la richesse même, est, non seulement impropre à servir de mesure à la monnaie, mais un métal dangereux.

L'Espagne, qui était la puissance prépondérante aux XV° et XVI° siècles, après la conquête du Mexique et du Pérou, prohiba la sortie des métaux précieux, au détriment de son agriculture et de son industrie. A l'avènement de Philippe V, en 1790, il ne lui restait que 6 millions d'habitants, sans trésor, sans marine, sans armée, alors que, du temps des Maures, la péninsule en avait plus de 40 millions.

Le 31 mai 1892, M. Rouvier, repoussant l'ordre du jour demandé par M. de Soubeyran qui a interpellé cinq fois la Chambre pour rétablir la frappe de l'argent et qui demandait que la France intervienne favorablement aux propositions des Etats-Unis au Congrès monétaire de Bruxelles, a dit en plein parlement : « M. de Soubeyran a « parlé ici d'un des côtés de la question qui peuvent le « plus émouvoir la Chambre, si soucieuse des intérêts « agricoles : de la perturbation que peuvent apporter, dans « le commerce des grains, les fluctuations de l'échange « avec l'Inde.

« Certes, il est vrai que c'est là un des facteurs de la dé- « préciation du cours des céréales ; mais il ne faut pas en « exagérer l'importance. La production des Indes n'est « pas, si les documents que j'ai pu me procurer sont « exacts, *supérieure à 14 ou 15 millions d'hectolitres,* « *sur lesquels 7 millions d'hectolitres sont exportés dans* « *le monde entier.* »

Tous les journaux qui s'occupent du commerce des grains, le *Bulletin des Halles,* le *Courrier des Marchés,* l'*Echo Agricole, Le Blé, Le Bulletin des Agriculteurs de France* et une foule d'autres feuilles publient mensuellement, et même quotidiennement, le mouvement des exportations et importations de blé ; et M. Rouvier et la Chambre ignorent ce que l'Inde exporte de blé ou en récolte, alors que cette exportation forcée est l'une des plus grandes révolutions économiques qui se soient jamais accomplies sur notre planète. Les destinées de l'humanité dépendent d'hommes aussi mal informés.

M. Gladstone, dans son discours du 1er mars 1893, répondant à une interpellation sur la même question, a dit : « Comment trouver un meilleur étalon monétaire « que l'or, qui n'a jamais varié de plus de 3 à 4 o/o ? « Comment peut-on songer à y adjoindre l'argent, qui « a varié de 40 o/o et que ses propres partisans estiment « devoir varier de 30 o/o de plus ? » Pareille erreur est applaudie par les intéressés.

Le cours officiel du blé, en Angleterre, donne une moyenne, de 1853 à 1857, de 31 fr. 02 le quintal, ou 55 shellings le quarter. Or, il est actuellement de 16 francs le quintal, 26 shellings le quarter. On aurait donc trouvé le moyen de produire du blé avec deux tiers d'économie de main-d'œuvre depuis quarante ans ? *C'est tout le contraire de la vérité ; il coûte plus pour le cultiver.* Si la France n'avait pas frappé les 4 milliards d'or, de 1863 à 1890, le blé aurait été, en Angleterre, à plus de 200 shellings par quarter ; il en vaut 26.

Des erreurs aussi grossières sont plus funestes que tous les fléaux qui, visibles, n'entraînent jamais une mortalité comparable à celle qui agit d'une manière sourde et continue depuis qu'on a changé la monnaie.

VIII. — Nécessité d'un retour a la Loi monétaire

L'utilité des conférences monétaires ou d'entente avec
d'autres puissances n'est rien moins que prouvée : les
pièces varient dans le monde entier ; une régularité
d'échange est difficile et n'a qu'un intérêt secondaire.
Le point capital est la valeur intrinsèque de l'unité, qui
est la mesure, et qui a mille fois plus d'importance pour les
règlements intérieurs que pour nos rapports avec l'Etranger. Elle ne peut être changée sans ruiner la société.

Notre loi monétaire, qui a l'argent pour mesure, est
mieux faite que celle des autres nations, parce qu'elle est
en rapport simple avec le système métrique pour le poids
et l'alliage ; elle deviendra universelle comme le mètre.
Les autres monnaies d'argent n'ont aucun rapport avec
le système métrique. Notre pièce de 5 francs d'argent, qui
a pouvoir payant illimité, est la véritable monnaie du
monde ; c'est déjà la monnaie la plus répandue ; environ
les deux cinquièmes de l'argent monnayé sont en pièces
équivalentes à l'écu de 5 francs. La guerre est engagée
entre la pièce de 5 francs à valeur fixe, monnaie des travailleurs, et la guinée anglaise en métal à valeur ascendante, monnaie des usuriers.

Il n'y a pas de monnaie d'or dont le poids soit en rapport simple avec le système métrique ; le hasard a fait
l'office de la raison. Ceux qui ont voulu mettre la monnaie
dans sa vraie simplicité n'ont jamais voulu doter l'or du
pouvoir légal ; tel Mirabeau.

La France a, de 1853 à 1884, frappé 7,107,000,000 de
francs d'or, dont 55,396,900 francs en pièces de 100 francs,
46,833,400 en pièces de 10 francs, 216,947,190 en pièces
de 5 francs. Total : *1,304,239,180 francs en pièces dont il
n'est pas question dans la loi du 7 germinal an XI. Celles de*

100 francs et de 50 francs n'ont pas circulé ; elles ont été conservées ou exportées. Celles de 10 francs et de 5 francs sont difficiles à compter, perdables et sujettes aux frais ; elles chassèrent les pièces de 5 francs d'argent, notre vraie monnaie, qui a été exportée en partie sous Napoléon III. La pièce de 10 grammes de Mirabeau eût été préférable à tous les points de vue.

En frappant librement la pièce de 5 francs d'argent, comme la loi le prescrit, la monnaie *ramenée à la valeur actuelle de ce métal,* que ce débouché *n'augmenterait probablement pas d'une manière appréciable,* serait encore au moins :

28 o/o plus chér que de 1810 à 1820. Blé : 24 fr. 61.
40 o/o plus cher que de 1853 à 1857. Blé : 27 fr. 13.
30 o/o plus cher que de 1870 à 1874. Blé : 25 fr. 85.

Pour conserver de l'or dans la circulation, il n'y a qu'à frapper des pièces de 10 grammes, qui passeront à un taux que le marché ou le Trésor fixera, et l'Etat fera payer en or la moitié de l'impôt nécessaire pour assurer ses réserves.

Une erreur généralement répandue est de considérer l'or comme la seule ressource, surtout en temps de guerre. En 1870, l'or, qui n'était qu'à moitié de sa valeur actuelle, a baissé pendant la guerre. Blé, fer, houilles, bestiaux ont augmenté.

Si on pouvait obtenir des Etats-Unis de réduire le dollar de 26 gr. 720 à 25 grammes, ce qui ne ferait qu'une diminution de 7 o/o et laisserait à leur unité une valeur plus grande qu'elle n'avait en 1874, la France les admettrait pour 5 francs avec réciprocité ; dans vingt-cinq ans, ce serait la monnaie universelle.

Si la Russie recevait nos pièces de 5 francs au taux d'un rouble et quart et frappait des pièces analogues, ce serait la conquête commerciale de l'Inde et de la Chine.

Si, comme il paraît probable et comme il faut l'espérer pour les producteurs, la production de l'argent augmente, il faudrait qu'elle quintuplât pour la ramener en réalité aux périodes les moins chères de notre siècle, de 1870 à 1874, époque des emprunts les plus considérables ; les intérêts seront toujours payés à une valeur plus forte que celle de la monnaie au moment des emprunts.

Si l'argent devient plus abondant, il y aura moins de ces crises périodiques qui ébranlent la société et qui ne profitent qu'aux accapareurs. En 1837, toutes les banques des États-Unis ont dû suspendre ; en 1848, la banque d'Angleterre a dû changer ses statuts ; si Louis-Philippe a été renversé, la crise économique n'y a pas été étrangère. Ces crises sont des obstacles à la marche de la société : des immeubles, des valeurs sont liquidés à des prix inférieurs, les possesseurs légitimes dépossédés, les acquéreurs font un coup ; des existences de labeur et d'économie voient le fruit de leur travail confisqué d'un trait de plume.

Nous ajouterons que la liberté des banques est préférable au monopole. Sans concurrence, les administrateurs s'endorment à l'abri de leur privilège, s'occupent de leurs intérêts et compromettent ceux de leurs actionnaires. La liberté et la rivalité maintiennent le besoin d'activité et règlent les abus.

Depuis 1873, la gestion de la Banque de France est un exemple frappant : Rothschild et les administrateurs avaient pris une part considérable à l'emprunt Thiers ; tous les agissements de ce grand établissement ont servi à augmenter la valeur de l'emprunt, aux dépens des actionnaires et des clients de la Banque. On a retiré la circulation, violé la loi.

Rothschild a commis le crime ; le Conseil l'a approuvé. La mort de César fut vengée par le peuple, lorsque Antoine eût lu son testament ; aucun conjuré n'échappa. Les agissements de Rothschild et de ses complices sont restés impunis ; mais la justice aura son jour.

La loi de thermidor a été la principale cause des grands progrès accomplis pendant les trois premiers quarts du XIX⁰ siècle ; elle a maintenu l'équilibre de la monnaie anglaise et une valeur stable relativement à l'anarchie monétaire du Moyen-Age.

Le blé, sans être la matière invariable, peut être à la longue considéré comme mesure, ayant fait moins de progrès que l'industrie et coûtant aussi cher dans les bonnes cultures que dans les médiocres.

Le prix moyen du blé, en France, a été de 21 francs l'hectolitre, de 1795 à 1874,

De 1810 à 1820, il a été de 24 fr. 60, soit 15 o/o de plus que la moyenne. L'Angleterre était au papier-monnaie, et la France avait frappé 917 millions d'or, contre 1,500 millions d'argent sous Napoléon et au commencement du règne de Louis XVIII.

De 1820 à 1840, le blé tomba à 18 fr. 18, c'est-à-dire à 15 o/o au-dessous de la moyenne générale et 30 o/o au-dessous de celle de 1810 à 1820. *C'est le résultat d'une contraction monétaire due à la reprise des payements en espèces en Angleterre ;* celle-ci soutira la plus grande partie de l'or français par ses agents, les Rothschild.

En 1848, une contraction monétaire ayant des causes politiques amena le prix du blé à 15 fr. 12 pendant quatre ans, soit à 30 o/o au-dessous de la moyenne.

De 1853 à 1857, la frappe illimitée de l'or de la Californie le fit monter à 29 fr. 56 pendant trois ans, plus de 35 o/o au-dessus du cours moyen.

De 1870 à 1874, l'émission du papier-monnaie le fit monter à 25 fr. 85.

De 1795 à 1874, la production du blé a monté de *34* à *102* millions en France. Si la loi avait été faite *argent seul*, suivant la théorie de Mirabeau, et l'or frappé sans cours légal, le blé eût été un peu moins cher de 1810 à 1820, de 1853 à 1857, de 1870 à 1874 ; avec une addition de 500 millions de papier-monnaie en 1820, portée à un milliard en 1848, il ne serait pas tombé aussi bas et la progression de sa culture aurait été plus considérable.

Depuis que la loi a été violée, en 1874, *l'augmentation s'est arrêtée.*

Si, en 1877, la France, imitant les errements de l'Angleterre, avait adopté l'or comme mesure de la monnaie, il eût fallu trouver 1 milliard 1/2 de ce métal.

L'Angleterre a pu puiser 400 millions en France, sans très grandes secousses et sans produire une baisse de plus d'un quart sur la valeur du blé.

Pour trouver les 1500 millions supplémentaires, quand la production était de 40 millions par an, il eût fallu tenter les détenteurs de petits bijoux. Le blé mesuré par cette monnaie se serait avili ; il serait tombé à moins de 10 fr. l'hectolitre, mettant l'agriculture en perte, arrêtant la culture du blé et l'accroissement de la population.

En 1853, une production d'or décuplée, tombant sur une réserve de 2 milliards, aurait décuplé le prix. Tous les salariés et rentiers seraient morts de faim.

Une révolution analogue, plus mitigée, s'est produite en 1650, après la découverte de l'Amérique.

Depuis que notre loi est suspendue, l'Etat a trop payé, les contribuables ont trop payé, les débiteurs ont trop payé, surtout pour les arrérages d'avant 1874. *Les rentiers ont trop reçu ;* on peut donc leur faire subir une conversion sans commettre d'injustice.

Il y a lieu d'abord de remettre en vigueur la loi que les pouvoirs publics eux-mêmes ne pouvaient violer, attendu qu'ils ne peuvent changer le sens des contrats qui lient les membres de la société.

Il y a lieu de faire une revision des comptes qui ont enrichi les uns, ruiné les autres, *contrairement aux lois*. Il faut poursuivre ceux qui ont apporté une aussi profonde perturbation dans l'ordre social.

CHAPITRE IV

La Question du Change

I. — Principe des Transactions monétaires

Ce qui suit est un exemple emprunté à l'expérience d'un homme qui a fait toute sa carrière en servant d'intermédiaire pour les échanges entre l'Orient, l'Amérique et l'Europe : j'ai nommé M. Kresser.

Tous les Français sont intéressés à faire prévaloir, dans les transactions monétaires, les principes de justice et d'égalité résumés dans cette seule devise : La liberté des transactions.

Chacun doit pouvoir, sans entraves légales, demander à son voisin : Comment payerez-vous le service rendu, en or ou en argent ? Un coup d'œil à la mercuriale du jour apprend à l'acheteur et au vendeur ce que vaut de prime la pièce d'or de 20 francs comparativement à 4 pièces de 5 francs d'argent. L'option résulte de l'accord des deux parties ; l'Etat n'a rien à y voir.

Il nous faut donc une loi consacrant la liberté de stipulation de valeur monétaire, métallique et fiduciaire. Pour cela, il faut l'abolition du cours forcé de 15 1/2 à 1 entre l'argent et l'or.

Tout particulier, agriculteur, industriel, commerçant, appelé à recevoir ou à donner en payement de la monnaie de papier représentant de l'or ou de l'argent, doit accorder la préférence à l'instrument fiduciaire qui le garantit le mieux contre la dénaturation du métal donné en échange et qui assure au porteur la plus grande somme d'avantages directs ou indirects. Il faut obtenir la libre concurrence du crédit en matière de circulation fiduciaire, sous le *régime de droit commun*, et l'abolition des privilèges et monopoles financiers.

Cela se résume par : Liberté des transactions.

L'inspirateur de ces lignes, M. Kresser, ajoute : « Pen-
« dant de longues années, j'ai fait circuler entre l'Extrême-
« Orient, l'Europe et l'Amérique, dans un cercle affranchi
« de toute entrave à la libre concurrence des échanges
« métalliques, plusieurs centaines de millions de lingots,
« monnaies, papiers de change, etc.

« A ce titre, mon expérience personnelle me rattache
« aux principes qui vont suivre. (*Tout ceci a été publié
en 1881, ce qui rend impossible à défendre la bonne foi
des gouvernants.*) :

« 1. Les échanges monétaires s'adaptent aux fluctua-
« tions d'or et d'argent sur le marché du monde.

« 2. L'Etat excède ses droits en décrétant un équivalent
« légal invariable entre le numéraire d'or et le numéraire
« d'argent.

« 3. Là où cette anomalie existe, le reste du marché du
« monde demeure libre, se *coalise* contre le marché res-
« treint, et lui fait subir des pertes considérables. »

On arrive donc à la proposition de loi suivante :

*L'Etat répudie, à partir de ce jour, toute responsabilité
ou garantie au sujet du coefficient des changes entre le
numéraire d'or et le numéraire d'argent.*

La législation du monnayage ne nécessite aucune autre modification, si ce n'est le rappel des dispositions limita-
tives de la frappe de l'argent.

Aucune convention internationale ne saurait rien ajou-
ter à cette déclaration, pour assurer davantage la limpidité des transactions monétaires dans l'univers entier. Deux lignes suffisent pour fonder la liberté monétaire, pour

mettre fin à d'inextricables abus, si nos législateurs consentent à consulter le bon sens, la logique et l'intérêt public :

La France continue à frapper, à la réquisition de tous venants, des francs d'or et des francs d'argent aux poids et titres consacrés par la loi et par l'usage ; la monnaie de compte reste le franc, unité idéale dont les parties débattent entre elles la parité effective en monnaie d'or ou en monnaie d'argent.

La mercuriale de l'or et de l'argent, à l'état de matières et à l'état de monnaies nationales ou étrangères, est affichée par les soins de l'administration sur tous les marchés et dans les mairies de toutes les communes du territoire.

La circulation fiduciaire s'adapte à l'autonomie nouvelle de chacune des deux espèces de numéraire. La liberté monétaire vulgarise chez les producteurs la connaissance du change et les fait profiter de la prime, dont leur ignorance laissait bénéficier les intermédiaires. Par ce système, accessible aux intelligences les plus ordinaires, la France échappera aux combinaisons du cambisme qui l'appauvrissent d'une façon souterraine et continue.

II. — Désorganisation légale du Change en France

La sophistication du change, corollaire de la confusion de notre situation monétaire actuelle, entraîne :

1. Une prime énorme en faveur de quiconque exporte des capitaux de France ;

2. Une prime au profit de l'importation étrangère ;

3. Une moins-value au détriment de l'exportation française ;

4. Une perte pour quiconque importe et met dans la circulation bimétallique de la France de l'or ou d'autres capitaux évalués en or à l'étranger.

Le bimétallisme à 15 1/2 centre 1, ou sur toute autre base évaluatrice fixe, a infligé à la production nationale et lui infligera encore des plaies mystérieuses, dont il n'est guère possible à l'agricul.eur, à l'industriel, au commerçant et à l'exportateur, chacun se trouvant absorbé et distrait par son labeur quotidien, de sonder l'étendue et la profondeur.

Il est extraordinaire que les producteurs aient toléré aussi longtemps l'exploitation éhontée dont ils sont victimes, sous les apparences de la loi.

La production nationale est grièvement atteinte par les restrictions que la jurisprudence impose à l'exercice du droit de stip... tion pour les valeurs métalliques monétaires. A tous les degrés de l'échelle sociale se produisent des désordres économiques, à raison de l'incohérence de la législation ; le rapport de 1 à 15 1/2 entre l'or et l'argent (en réalité 1 à 33), applicable à l'évaluation des échanges monétaires, est en désaccord flagrant avec la valeur intrinsèque variable du numéraire d'or et du numéraire d'argent.

Quand, au cours actuel, les particuliers échangent 1 kil. d'or contre 33 kil. d'argent, l'Etat n'a pas le droit d'interposer son autorité. Mais, dès qu'il s'agit de métal fractionné en numéraire, l'Etat intervient et défend aux acheteurs et aux vendeurs d'échanger 1 kil. d'or pour plus de 15 kil. 1/2 d'argent.

L'Etat fait enseigner au public que le franc, unité monétaire, est représenté par un ...s de 5 grammes d'argent (alliage 1/10 compris), soit par un poids d'or 15,5 fois moindre, c'est-à-dire par 0 gr. 32258 d'or. L'Etat laisse ignorer qu'en raison des grands courants d'échange, ce rapport de 15,5 contre 1 ne représente plus que la fixité des poids, édicté par la loi pour le frappage du numéraire d'après des types invariables nommés étalons, mais n'a plus aucun rapport avec la valeur réelle commerciale de ces métaux.

L'exercice de la faculté de stipulation de la valeur métal-lique devrait conserver toute la force d'une convention irréprochable, à l'exécution de laquelle la loi prêterait sa protection impartiale. Pourtant il n'en est point ainsi : l'explique qui pourra. Le débiteur, même en présence de son engagement écrit, est dispensé de l'accomplir et con-serve, malgré sa renonciation formelle, l'option de se li-bérer en celle des deux monnaies ayant cours légal qui lui coûte le moins au moment où le payement s'effectue.

Cette infraction à la liberté des transactions monétaires est un des traits les plus singuliers des mœurs françaises, une preuve de l'excessive soumission des intérêts particuliers aux exigences d'Etat en matière de cours légal *et de cours forcé*, alors que n'existent plus les cas de force majeure qui, seuls, peuvent justifier une interruption momenta-née du droit commun en conservant à l'argent, sur le marché intérieur français, une puissance libératoire basée sur le cours légal de 1 à 15 1/2 comparativement à l'or, quoi-que le marché extérieur réduise cette valeur de 1 à 33. La loi française supprime l'efficacité du droit de stipulation qui frappe d'un maximum la valeur circulatoire et échangeable de l'or en France.

III. — Conséquences de cette Perturbation

Subordonné à une dépréciation considérable au sein de l'Union Latine, le numéraire d'or s'ouvre une voie vers les autres marchés du monde ; des Anglais, Allemands et Juifs l'attirent, en lui octroyant la plénitude de sa puis-sance d'acquisition en métal-argent monnayable ou mon-nayé, ou en change à base d'argent.

Nous allons donner quelques exemples des résultats obtenus au détriment des producteurs français.

Ceci se passe de 1877 à 1880. Depuis, le rapport entre l'or et l'argent a encore varié de 40 o/o ; les pertes des agriculteurs français ont augmenté dans les mêmes proportions.

Dans le cours de quatre années, 1877 à 1880, l'Etranger a fourni aux Français des produits alimentaires pour une valeur de 6 milliards de francs. Les consommateurs ont payé ces produits en numéraire d'argent et en billets libérables en argent ; les importateurs ont reçu leur contre-valeur en numéraire d'or et en change à base d'or ; cela, aux dépens de la valeur intrinsèque de notre épargne métallique, héritage du passé, aux dépens de *nos exportateurs* et de *tous les autres créanciers français à base d'or sur l'Etranger.*

L'équivalent de 6 milliards de francs en poids d'argent fin est de 27 millions de kilogrammes. En or, suivant le rapport de 1 à 15 1/2, l'Étranger a reçu l'équivalent de 1,741,935 kilogrammes d'or fin. Il a pu convertir cette quantité d'or en argent et en change à base d'argent sur le marché anglais, à 18 pesées contre 1 d'or (aujourd'hui 33 pesées contre 1 d'or), soit un équivalent de 31,354,840 kilogrammes d'argent fin. Surplus de poids effectif obtenu par l'importation étrangère : 4,354,830 kilogrammes ; soit, à 4 gr. 5 par franc, 967,740,000 francs, ou, sur 6 milliards de produits importés, une prime déguisée de 16 o/o.

Que les producteurs agricoles français de toutes classes étudient bien l'influence de ces substitutions de numéraire. Au taux de 1 contre 33, la perte subie de 1877 à 1880 aurait été de 3 milliards. Qu'ils se rendent compte de l'intensité

de cette protection *en sens inverse* de la culture nationale, en prenant pour unité de calcul comparatif la valeur
moyenne d'un quintal métrique de blé.

En livrant cette quantité aux marchés *en 1880*, le
Français recevait 28 francs, soit 126 grammes d'argent fin.
L'Américain, par le change à base d'or, reçoit 28 francs, soit
8 grammes 129 d'or fin ; s'il échange cet or, en Angleterre,
contre de l'argent ou du change d'argent au taux de 18 pesées contre 1, il reçoit 146 gr. 32 d'argent fin. Surcroît de
poids d'argent en faveur de l'Américain : 20 gr. 32 d'argent
fin, ce qui équivaut à une prime de 4 fr. 50 par quintal de
blé, ou plus de 16 o/o.

Aujourd'hui l'argent, sur le marché de Londres, est à
30 pences ; l'Américain reçoit, non pas 146 gr. 32 d'argent,
mais 268 gr. 25 ; ce qui lui fait sur le Français un avantage de 142 gr., ou 28 fr. 40. L'Américain reçoit une valeur
double de celle obtenue par le Français.

La cause majeure des souffrances de l'agriculture est
dans l'altération des bases du change ; leur remède pratique est le primage de l'or ; leur remède légal, la liberté de
stipulation des valeurs métalliques. Le salut de la production française est à ce prix.

Nous venons de démontrer qu'en forçant les échanges
de numéraire à observer le cours légal, déterminé par la
simple relation des poids substituée à l'évaluation effective
du marché général des métaux précieux, la France chasse
l'or. La ... ce repousse l'or au profit de l'Etranger, qui le
lui doit.

La France repousse du monnayage l'or-matière par la
jurisprudence qui empêche ce métal, une fois frappé de
l'effigie française, d'obtenir plus de 15 1/2 pesées d'argent,
quand il en acquiert facilement 18 aujourd'hui et 33 sous
une forme moins fractionnée.

Pour échapper à cette dépréciation contradictoire, l'or
quitte le sol français, se transforme en argent ou en équivalent sur le marché libre de Londres, puis se convertit en
produits exotiques : thé, soie, jutes, café, etc., dans les
pays lointains à circulation d'argent. Ces produits se
réalisent en France, contre de l'argent pris à 1 pour 15 1/2 ;
l'équivalent d'or ou de change à base d'or, obtenu encore
une fois à la faveur du bimétallisme, échappe de nouveau,
par l'émigration, à l'absurde niveau bimétallique.

L'or est exporté soit en nature, soit transformé en papier
de change à base d'or. Ce dernier mode ne laisse aucune
trace pour la statistique ; de sorte que le dommage infligé
aux dupes du bimétallisme n'est perceptible qu'aux yeux
des rares, silencieux et méticuleux calculateurs, capables de
suivre par la pensée les méandres souterrains des courants
métalliques cambistes.

IV. — Caractère officiel du Désordre

Par l'importance de son marché de change et de finance,
par la concentration excessive des réserves métalliques du
pays, la France est le point de mire constant des embusca-
des du cambisme, tendant à s'approprier à vil prix le métal
et son équivalent papier, mal estimé par l'insuffisance de
nos calculateurs doublée de l'incapacité de nos hommes
d'Etat.

Le succès irrésistible, tant que le 15 1/2 ne sera pas répu-
dié légalement, des combinaisons adverses au marché
français se trahit partiellement dans la comparaison de
l'encaisse d'or et d'argent de la Banque de France pendant
les dix années 1871-1881 :

ENCAISSE BIMÉTALLIQUE DE LA BANQUE DE FRANCE
de 1871 à 1881
(au 31 décembre de chaque année).
Valeur en millions de francs

ANNÉES	OR	ARGENT	TOTAL	PRIX de l'once d'argent à LONDRES d. s.	COEFFICIENT RÉEL	PRIME SUR L'OR 15 ½
1871	533.4	82.2	614.6	60 ¹/₂	15.57	»
1872	658.7	132.6	791.3	60 ⁵/₆	15.62	0.11 %
1873	611.3	153.3	767.6	59 ¹/₄	15.89	2.60
1874	1.012.1	313.2	1.325.3	58 ⁵/₁₆	16.11	3.93
1875	1.174.3	505.0	1.679.3	56 ¹³/₁₆	16.52	6.57
1876	1.530.4	638.6	2.169.0	53 ⁴/₁₃	17.77	14.64
1877	1.117.3	865.4	2.042.5	54 ³/₄	17.22	11.10
1878	983.6	1.058.1	2.041.7	52 ⁵/₈	17.92	15 61
1879	741.6	1.227.6	1.969.2	50 »	18.86	21.67
1880	546.3	1.225.6	1.771.9	52 »	18.13	17 »

Le phénomène de substitution se lit très clairement dans les quatre dernières lignes de ce relevé.

L'insuffisance des récoltes fait affluer l'argent aux coffres de la Banque, en payement des grains étrangers, et c'est de l'or exclusivement et du change à base d'or que nous enlèvent les vendeurs.

Nous perdons, en quatre ans, 1 milliard d'or livré sans prime; tandis qu'il a constamment valu en moyenne 16 o/o de prime contre l'argent à 15 1/2 (aujourd'hui 50 o/o) et

contre les équivalents d'argent fournis par Londres sur
les places d'Extrême-Orient.

Le dommage éprouvé du fait de la dénaturation de la
réserve métallique du pays confiée à la Banque de France
peut se chiffrer ; *mais qui évaluera les pertes subies par la
production de la France sous l'invasion d'une concurrence
aussi indûment favorisée ?* Qui calculera la pression exer-
cée sur nos exportateurs par l'inégalité de l'équivalent
d'argent accepté de par la loi en échange de nos créances
d'or sur l'étranger ?

De tels avantages sont assurés aux valeurs étrangères
par cette sophistication du change, à laquelle il est urgent
de remédier, sous peine de voir tomber la fortune publique sous les apparences décevantes de l'activité de notre
marché financier.

L'optimisme familier au caractère français lui masque
jusqu'au dernier moment la réalité des dangers inhérents
à une *fausse situation économique.*

En 1878, M. Léon Say, auteur de la loi de 1876 et alors
ministre des finances, disait entre autres choses : « *Ce sont
« les oscillations de l'or* qui gouvernent seuls aujourd'hui
« les mouvements du change ; et, si l'encaisse d'or dimi-
« nuait, quel que fût celui de l'argent, la situation présen-
« terait des dangers contre lesquels il faudra se prémunir
« par des mesures de précautions rigoureuses, notamment
« par une élévation du taux de l'escompte qui pourrait être
« le point de départ d'une crise générale pour le com-
« merce. »

Au moment où parle M. Léon Say, octobre 1878, la
Banque possède 1 milliard d'or contre 1 milliard d'argent ;
il doit trouver la situation bien plus alarmante aujourd'hui.
(*Ceci, qu'on ne l'oublie pas, était écrit dès 1881*). Nous

sommes de son avis ; mais nous différons sur la nature du remède. L'élévation de l'escompte est un palliatif impuissant et mensonger ; aucune hausse de l'escompte n'est capable d'*arrêter la sortie d'un numéraire tiré violemment d'une circulation bimétallique*, lorsque le métal de ce numéraire jouit d'une *forte prime* à l'extérieur.

Par exemple, A* possède de l'argent français ou du crédit en France ; il achète du Londres à 25,22. La livre sterling lui donne un équivalent qui lui coûte 15 1/2 pesées en France. A* échange cet or à Londres pour de l'argent fin à 30 pences par once le standard ; il obtient 31 pesées, soit, avec le rapport de 1 à 15 1/2, plus de 100 o/o à son profit.

A* envoie cet argent en Orient et l'échange contre des produits de l'Inde, de la Chine, du Japon, de Cochinchine, de Siam, de Java, des Philippines, de Singapour, etc. A* expédie et réalise ces produits sur le marché bimétallique français ou latin ; il en reçoit la contre-valeur en argent.

A* recommence la transmutation de son argent en or, grâce au change sophistiqué, et l'accomplit trois fois par an. Un poids d'argent originaire de France passe successivement, à l'étranger, sans compter les bénéfices légitimes, de *15 1/2 à 31, 62, 124* dans une année, au détriment de la France.

Qu'importe à A* ? S'il opère avec le crédit, *les variations en hausse* de l'escompte, son opération ne peut être contrecarrée que par le primage de l'or ; tant qu'il *y a de la marge*, il a intérêt à drainer l'or.

Si ces données arithmétiques n'ouvrent pas les yeux des moins clairvoyants sur la nécessité du primage de l'or, comme unique moyen de défense du numéraire d'or, il est permis de croire à l'effondrement de la lucidité française.

En Allemagne, les puissants du jour ont compris la question ; le chancelier de l'empire déclarait craindre que cette question ne fût plus grave qu'on ne le pensait. Si le monde n'a pas encore sauté, c'est que, jusqu'à présent, la France a payé les pertes. A l'heure actuelle, il n'y a qu'un remède : *liberté d'échange d'or et d'argent*, indépendance respective des deux monnaies étalonnées.

Le bon sens, c'est le génie des peuples. Le législateur qui manque de bon sens et d'honnêteté ruine la patrie.

Le 6 décembre 1880, à la Chambre, Son Excellence M. Magnin, ministre de finances de la République Française, a dit : « Chacun de nous sait que l'or ne *fait pas* « *prime*, qu'il n'est pas rare, qu'il ne s'est ni caché ni retiré « de la circulation, qu'on en trouve partout, que partout « il circule et s'échange sans la moindre difficulté. » Il aurait pu ajouter qu'en quatre ans, de 1877 à 1880, l'encaisse de la Banque de France est tombé de 1530 millions à 550, soit une réduction de 980 millions, et que, bien que pendant cette période l'argent ait subi une dépréciation moyenne de 16 à 17 o/o sur le coefficient de 1 à 15 1/2, cette masse d'or a été livrée sans prime à l'Etranger.

La courtoisie exquise qui préside aux discussions techniques à la Chambre, et peut-être l'ignorance, ont empêché de répondre au ministre des finances ; celui-ci a conclu par des déclarations optimistes.

L'Etat, fidèle à son rôle traditionnel de *deus ex machinâ*, a mis en campagne ses légions de comptables pour retirer contre de l'argent au rapport de 15 1/2 contre 1, (tandis que ce rapport est de 18 contre 1 à Londres), tout l'or apporté à ses guichets. Les caisses officielles ne payeront ses créanciers qu'en argent, et tout l'or sera versé à la Banque de France, « afin, ajoute le ministre, que l'encaisse

« ne tombe pas à un chiffre qui pourrait alarmer le monde
« des affaires, aussi bien que celui du commerce et de l'in-
« dustrie ». « C'est ce que j'ai fait, ajoute Son Excellence
« M. Magnin, peut-être er. gênant un peu le public, qui a
« perdu depuis trente ans l'habitude de manier des pièces
« de 5 francs. »

Il est difficile d'être plus naïf ou plus cynique. Que dire
du rôle de la Banque de France dans tout cela ? Peut-on
laisser dans le *statu quo* l'équilibre artificiel de la circulation bimétallique et fiduciaire de la France, à l'encontre
de la situation positive du marché général des métaux
précieux?

V. — Urgence d'une nouvelle Politique monétaire

Une nouvelle politique monétaire ne doit-elle pas
surgir ?

Ces questions touffues, obscurcies comme à plaisir par
l'apathie du public, par son excessive crédulité qui le
livre en pâture à la malice traditionnelle des manieurs
d'or et d'argent, appellent une controverse devant les
Chambres et devant le pays.

Pour nous, nous répétons encore une fois que l'affi-
chage de la mercuriale d'or et d'argent sur les marchés de
tout le territoire est une nécessité permanente d'informa-
tion publique ; que, cette mercuriale établissant une dévia-
tion considérable du rapport légal de 1 à 15 1/2, la circulation doit tenir compte d'une prime similaire sur l'or;
que l'élévation du taux de l'escompte substitué à la fixa-
tion de l'agio sur l'or est une mesure arbitraire, *domma-
geable* à tous les intérêts; que la surabondance de la
réserve métallique argent de la Banque de France impose
le minimum normal du taux de l'escompte et des avances

pour toutes opérations n'entraînant à la charge de cette institution qu'un débet d'argent ; que la frappe de la monnaie d'argent ne doit pas être plus longtemps suspendue.

La France, ne frappant plus que de l'or, est par le fait provisoirement monométalliste sur la base de l'or. Mais, comme elle maintient la monnaie d'argent précédemment émise dans la circulation, et que la circulation fiduciaire continue à représenter une masse métallique composée de deux espèces de numéraire, la situation est bimétalliste provisoirement. Aussi, les habiles rançonnent les ignorants, à la faveur de cette confusion indigne de la bonne foi publique et de la logique de l'esprit français.

La dépréciation de l'argent-métal sur le marché du monde, en prenant le 15 1/2 pour point de comparaison, est de 100 o/o. A ce cours, le rapport effectif de l'or et de l'argent est de 1 à 31, au lieu de 1 à 15 1/2, le rapport légal.

Dans ces conditions, la valeur libératoire de la monnaie d'argent à l'extérieur descend à o fr. 5o, au lieu de 1 franc que lui attribue la frappe de l'Etat français. Par contre, un poids quelconque de monnaie d'or libère à l'extérieur 200, tandis qu'un poids d'argent 15 fois 1/2 supérieur ne libère que 100. Le franc d'or vaut donc en réalité 1 franc ; le franc d'argent ne vaut que 5o centimes sur le marché libre du monde.

Le marché monétaire intérieur devrait suivre la logique et l'équité économique, ressentir le contre-coup des oscillations de la valeur respective des deux métaux.

Cependant, si nous en croyons l'affirmation du ministre des finances à la tribune du Sénat, le 7 avril, l'or-monnaie ne fait pas prime. M. Magnin s'en félicite chaudement. Il n'y a pas de quoi ; mais la prime n'est peut-être pas perdue pour tout le monde.

Cette anomalie tient à ce que les Français, inattentifs à la mercuriale des deux métaux précieux, subissent sans le savoir une série de mystifications dans lesquelles le gouvernement applique et maintient de force le bandeau sur les yeux de la nation, pendant que la mystification s'accomplit dans le sein de l'épargne métallique du pays.

CHAPITRE V

Vues de Réorganisation Sociale

I. — Le Désordre actuel

De même que, dans les rues de Paris et de Londres, les voitures prennent le côté opposé de la chaussée, de même la France et l'Angleterre se combattent et se complètent.

En France, la richesse sociale est d'environ 200 milliards. La centralisation est excessive ; l'esprit d'initiative a été détruit chez les individus. L'éducation, au lieu d'armer les jeunes gens pour la vie et de leur apprendre à se servir de leur cerveau, le leur remplit de formules, de textes, et s'applique à en faire des fonctionnaires dociles.

L'infériorité des classes dirigeantes françaises est flagrante. En fait, elles n'existent plus ; l'idée générale du gouvernement est éteinte. Elles sont artificielles, en façade. Les Juifs et la Franc-Maçonnerie les ont remplacées.

Le paysan français, malgré ses épreuves, a gardé ses qualités : producteur habile, économe, âpre au gain, fortement constitué, sobre, courageux, il fournit, comme dit M. Joseph Reinach, de la bonne matière première.

Il reste encore à la France ses travailleurs, ses soldats, son sol, son passé, son esprit d'économie, son enthousiasme, et pas mal d'illusions dont l'étranger abuse.

Ses ressources naturelles ne sont pas encore épuisées ; mais, mises en œuvre par l'individu isolé, elles ne servent pas à la grandeur de la nation : elles sont dérivées au profit des peuples étrangers et des groupes dont la politique persistante crée un courant où sont entraînés les atomes personnels.

Au nom de la grande Révolution, escamotée en route, on a fait tout avaler à la France. La discorde s'y est implantée ; les liens qui font un peuple ont été brisés.

Il y est admis que tout supérieur est un ennemi. Comme, dans toute production et dans toute action, il faut de l'ordre, les chefs visibles ayant été détruits, on les a remplacés par des dirigeants anonymes, irresponsables et étrangers.

Si la France doit survivre aux événements qui se préparent, il faudra qu'elle marche au progrès d'après ses traditions. Ses traditions ont fait sa structure ; arrachées, elles la laisseront sans cohésion et sans puissance.

Il faudra que la démocratie se serve des leçons nationales du passé et que la France ne se mette pas dans un état d'infériorité vis-à-vis de ses adversaires. Le discours de Bebel à la Chambre Allemande, sur la discipline des socialistes, montre que nos voisins connaissent les avantages de la méthode.

Il ne faudra plus (cela a déjà été dit) confondre l'*investiture* et *l'autorité*.

Il faudra admettre que l'on fait des révolutions avec des principes de destruction, que l'on gouverne et que l'on construit avec des méthodes permanentes et de conservation. Si la France, par amour des mots, s'entête à vouloir produire et gouverner par des procédés révolutionnaires, elle ne peut échapper à ses ennemis.

Cependant, avant de pouvoir se remettre au travail, la révolution est nécessaire. Il faut séparer et remettre à leur place les éléments étrangers introduits dans l'organisme du pays.

La société n'est aujourd'hui qu'une comédie hypocrite.

Les pseudo-conservateurs, dont l'égoïsme ne' veut rien entendre, préfèrent s'allier aux Juifs, dont les méthodes criminelles ont changé le caractère de la propriété, et mettre leurs économies sous la protection du bien mal acquis, plutôt que de tendre la main aux travailleurs et de se mêler à la production commune. Ils ne voient pas que ce serait leur seule chance de salut. Ils ne voient pas, les insensés, que les hommes auxquels ils confient la direction de la résistance sont les docteurs et les chefs des colonnes d'attaque.

La doctrine socialiste internationale actuelle est Juive, par conséquent destructive pour l'Aryen. Les ralliés ne serviront, eux et leurs biens, qu'à jeter à la foule, pendant que leurs protecteurs, prêts à tout, ramasseront les débris des fortunes. Et, quand l'ordre règnera de nouveau, Israël restera maître de la fortune française.

Il y a des courants qui ne se remontent pas ; les destinées des peuples sont immuables. Mais, quand un homme a vu la lumière, il doit, malgré tout, confesser la vérité.

La France a un sol qui peut lui suffire ; elle a des travailleurs, des soldats, de l'épargne, du crédit. Elle n'a plus d'état-major d'hommes politiques français ; elle n'a plus de marine de commerce ; elle n'a ni organisation gouvernementale en harmonie avec son esprit et ses besoins, ni organisation coloniale ; elle travaille et elle combat au profit de la politique directrice que je vais dévoiler. La France est malade, elle ne peut vivre dans l'état actuel, la crise est proche.

A mon avis, la révolution nettoiera la maison ; les soldats sauveront la France ; les syndicats, la liberté d'association et les communes referont la nation.

II. — Les causes du Désordre : le Parlementarisme

Pour comprendre la situation actuelle et s'orienter vers l'avenir, il faut regarder le passé.

La tradition et les coutumes françaises ont été peu à peu remplacées et détruites par la centralisation et l'esprit classique ; le but rêvé par les gouvernements était d'appliquer la même formule à tous les individus et à tous les climats. Le fonctionnaire-type n'étudie plus les besoins de ses administrés ; il apprend par cœur des textes et les applique d'après les ordres, aussi bien à Paris qu'à Tombouctou.

Sous ce régime de l'abrutissement, tout dépend du pouvoir central. Quand celui-ci cesse d'être aux mains d'une puissance nationale et géniale et que les intérêts privés et étrangers parviennent à s'en emparer, l'épuisement du pays n'est plus qu'une affaire de temps.

C'est ce qui se passe aujourd'hui. Derrière l'administration et le parlementarisme, les Juifs et les Anglais gouvernent la France et la pressurent. Nous avons bien à la tête du système Rothschild, comme régent représentant ces deux intérêts ; mais, malgré sa richesse, il ne peut être considéré ni comme national, ni comme génial.

La démocratie française doit être agricole ; son pouvoir doit être décentralisé. Une république commerciale comme l'Angleterre peut être dirigée par une oligarchie. En France, ce gouvernement est un non-sens, car les puissants du jour ne sont que de la pacotille et restent les satellites de leurs puissants voisins.

Sans remonter à la guerre de Cent Ans et à Jeanne d'Arc, l'histoire nous montre comment l'Angleterre nous a disputé l'empire des mers et les marchés du monde. Elle nous a non seulement combattus à l'extérieur, mais s'est toujours servie, à l'intérieur, de l'intrigue et de la corruption.

Buckhingham à la cour de Louis XIII, Law à celle du Régent, ruinent les finances françaises. La preuve en est à la Bibliothèque Nationale ; dans une lettre envoyée par lui en Angleterre, Law répond, à un reproche d'inaction, qu'il croit avoir bien mérité de son pays en déshonorant le Régent, la Cour et en ruinant la France.

La Franc-Maçonnerie fut importée d'Angleterre en France, se mêla à la Révolution, qu'elle fit dévier au profit de la bourgeoisie, du commerce et du parlementarisme, rendant ainsi la France incapable de remplir ses destinées historiques.

Les départements existaient sous forme de loges cinquante ans avant 1789 : les départements sont la négation géographique de la France. Dans le Morvan, massif montagneux où les besoins de la population suivent la forme du sol, un poteau placé au centre du plateau est le point de contact de sept départements, brisant administrativement tous les groupements naturels et allant à l'encontre de tous les besoins.

La Convention fut la réunion de toutes les loges qui, pendant sa session, furent en sommeil. Elle édicta un certain nombre de lois de destruction, ajoutant qu'il serait nécessaire de reviser ces lois (entre autres, celles sur la division de la propriété et contre les associations) lorsque les institutions visées seraient détruites, *car ces lois étaient contraires au développement de la société*. Ces lois servent des intérêts particuliers et n'ont jamais été rapportées. L'agriculture française se débat contre la ruine ; les ouvriers français sont écrasés par les associations capitalistes.

La Franc-Maçonnerie a, depuis lors, gardé la direction politique de la France. Les Juifs y ont pris une large part ; toutes les personnalités laïques ont été obligées, pour avan-

cer, de se joindre à elle. Après l'Empire et la Restauration,
le parlementarisme est tombé entre ses mains, et, aujour-
d'hui, les élections lui appartiennent. Il est pour ainsi dire
impossible, en France, d'exécuter quoi que ce soit sans
son concours ; le personnel civil lui est affilié. Il faut donc
poser nettement la question : *Les Francs-Maçons français
veulent-ils défendre la nation, organiser la société civile,
respecter la liberté de conscience et favoriser le progrès ;
ou bien, en échange du pouvoir et d'avantages matériels,
veulent-ils être les instruments du cosmopolitisme, de
l'étranger, des Juifs, et les persécuteurs des chrétiens ?*
Dans le premier cas, le concours d'hommes comme eux
serait utile au pays ; dans le second, il faut les faire connaître et les combattre.

Un des signes les plus indéniables d'une association
étrangère est la haine des traditions nationales. Cependant
les matérialistes, qui n'acceptent que le fait, devraient s'appuyer, pour le gouvernement des nations, sur l'histoire,
qui représente l'enchaînement des événements.

La forme de gouvernement qui a nom parlementarisme
est anglo-saxonne ; elle convient à un pays décentralisé,
dont les institutions nationales sont intactes et où l'initiative, l'association, la liberté de discussion sont enracinées
dans les mœurs, dans l'éducation et dans le cœur de la
nation. En France, elle est contraire aux institutions, et
son fonctionnement est rendu illusoire par la pression
administrative et l'insuffisance des représentants.

En Angleterre, les élus représentent des intérêts consti-
tués et organisés. En France, il faut des Etats Généraux,
où toute la nation sera représentée, majorité et minorité.
Il faut commencer par une loi sur l'association, qui permettra aux producteurs de se grouper ; il faut une loi sur

le crédit, permettant aux travailleurs de produire. Voilà les bases de l'organisation du pays ; la représentation viendra après.

Il ne sera jamais possible, en France, de détruire la propriété : c'est la sanction et la récompense du travail. Du reste, la propriété légitime n'atteindra jamais des proportions dangereuses. Ce qu'il faut, c'est briser les monopoles et constituer la véritable liberté de la production. Il faut que le producteur et le consommateur aient l'option de se servir du capital lorsque celui-ci leur procure des avantages, mais qu'ils ne soient pas obligés de s'en servir à des conditions tyranniques.

On juge l'arbre à son fruit. Le parlementarisme, en France, n'a servi qu'à empêcher le progrès et à inaugurer l'ère des bavards et des eunuques. On reconnaît l'eunuque à sa haine de l'action.

III. — L'Instrument de Réorganisation : le Crédit ouvrier

Il est temps pour le peuple français de s'affranchir de la tyrannie des mots, d'apprendre à juger les faits à l'aide de son cerveau et du bon sens, et à ne plus s'en rapporter aveuglément à la Presse, qui lui constitue aujourd'hui une cervelle de papier.

On abuse des mots et, derrière eux, les appétits se donnent carrière. Il y en a un dont on fait un usage constant et à l'aide duquel des malfaiteurs sans vergogne cherchent à commettre leurs derniers forfaits ; ce mot, c'est : *la Patrie*.

Profondément imbu de sa valeur, je vais le définir.

Les Latins l'expliquaient ainsi : « *Pro aris et focis*. Pour « les autels et les foyers ». C'est pour cela que le citoyen romain payait l'impôt du sang. L'esclave ne portait pas les armes, il travaillait ; son maître le nourrissait, l'habillait et soignait sa vieillesse.

Le prolétaire français, aujourd'hui, a une situation inférieure à celle de l'esclave romain : il n'a plus ni Dieu, ni foyer ; le patron irresponsable lui paie, au jour le jour, un travail écrasant, et, quand il succombe sous le fardeau, on le jette à la voirie.

C'est à ces hommes, je devrais dire à ces désespérés, que vous allez demander de défendre jusqu'à la mort la société bourgeoise et la propriété détenue *en grande partie* par des étrangers et des voleurs.

Vous avez brisé le lien : le faisceau n'existe plus. Avant le combat, il faut le reconstruire, il faut supprimer le prolétariat, il faut donner à ces hommes quelque chose à défendre, quelque chose à conquérir.

La société bourgeoise paie le garde champêtre ; elle doit fournir le travail à l'ancien soldat. La richesse française est d'environ 200 milliards ; le partage intégral entre 40 millions d'habitants donnerait 5,000 francs par tête. Le partage effectif est impossible ; mais ceux qui ont la jouissance et la possession devront donner leur garantie aux travailleurs, afin de leur procurer des outils.

Le crédit obligatoire est la conséquence du service obligatoire ; il sera l'instrument de la transformation sociale. Il permettra de constituer la propriété paysanne, *incessible et insaisissable,* base de la démocratie, sans léser aucun intérêt. La population augmentera, car le nombre des enfants fera la richesse du père et leur avenir sera assuré. Le crédit ouvrier permettra, *sans expropriation,* la transformation de la grande propriété, aujourd'hui improductive. Il permettra la participation de l'ouvrier dans les usines et aux grands travaux publics français, impossible à réaliser sous la domination des usuriers.

Le rachat des mines et le canal des deux mers peuvent fournir les deux premières opérations.

Pour le canal des deux mers, les sans-travail, munis de leurs livrets de crédit, constitueraient le capital roulant d'exploitation. Au fur et à mesure de l'achèvement des sections, l'État vendrait du 3 o/o gagé par le canal ; le produit intégral du travail resterait aux ouvriers ; l'épargne aurait une garantie réelle, la France un instrument de production et de défense.

Je répète encore une fois le texte de cette loi, que je propose depuis longtemps:

« 1. Tout citoyen ayant accompli son service militaire recevra un livret lui donnant droit à un crédit maximum de 5.000 francs ;

« 2. L'usage de ce crédit ne lui sera acquis qu'*avec la garantie d'un groupement syndical, pour un but de travail déterminé ;*

« 3. Tout chef de famille aura droit à autant de livrets de crédit qu'il aura de personnes à supporter. Le père de famille aura l'usage des crédits de ses enfants jusqu'à leur majorité. »

Les lignes qui suivent sont à l'usage *de la bêtise, de l'ignorance et de la mauvaise foi* de ceux qui, incapables par eux-mêmes de *concevoir une idée* ou de *se servir de leurs cerveaux*, n'admettent que les opinions de spécialistes patentés et de manuels à l'usage des imbéciles.

Je n'ai jamais dit qu'un ouvrier aurait 5.000 francs qu'il pourrait dépenser au cabaret. Je dis que le papier ouvrier, représentant *une créance, une garantie réelle et une garantie collective,* est le premier papier du monde, supérieur à celui de tous les banquiers, supérieur à celui de l'État.

Ce crédit, en effet, a pour garantie un travail à faire et

une signature syndicale solidaire. Tout travail réel, c'est-
à-dire ayant un débouché assuré, laisse un bénéfice ; les
avances seraient donc absolument garanties, et il y aurait
toujours un surplus pour les travailleurs. Le travail réel
remplacerait la spéculation, qui produit sans débouchés.

De plus, il serait facile, par la revision des bénéfices illé-
gitimes obtenus par l'altération des monnaies, de créer
une caisse d'*un ou plusieurs milliards* faisant retour aux
propriétaires légitimes, pour parer aux accidents et aux
pertes provenant des débuts d'une pareille entreprise. Les
gouvernants ont laissé voler pendant vingt ans aux travailleurs français, par l'étranger et les usuriers, *plus de
40 milliards*. On en retrouvera bien deux pour donner du
travail aux Français, supprimer le prolétariat, assurer la paix
de la nation.

Cette combinaison aurait l'avantage de laisser les groupements de producteurs *s'organiser d'après leurs besoins*,
sans leur imposer une forme unique qui deviendrait la
plus odieuse des tyrannies. Je fais allusion au collecti-
visme marxiste.

L'industrie ne tient, du reste, en France, que le troisième rang : sa richesse provient *de son sol*. C'est là que la
démocratie française doit prendre son point d'appui ; si
elle ne peut vendre ses produits, elle les mangera ; l'existence du pays sera assurée.

Les sources de production française sont, par ordre
d'importance : l'agriculture, l'élevage, l'industrie. Celle-ci
doit surtout chercher son débouché à l'intérieur ; *une
augmentation de revenus chez les Français*, amenant une
plus grande puissance de dépenses, a plus d'avantages
pour elle qu'un nouveau débouché extérieur. Dix francs
par an à vingt millions de travailleurs représentent une
dépense de 200,000,000 de francs par an.

En dernier lieu, vient le commerce. Dans la situation actuelle, dans l'état de notre marine marchande, notre commerce est tributaire de l'Angleterre, qui lui fournit ses transports ; nous ne pourrons jamais lutter avec elle pour la production du fer et du charbon. Il faudra compter surtout sur le commerce intérieur et nous servir de nos colonies, *constituées en grandes compagnies commerciales*, pour nous créer des débouchés commerciaux rémunérateurs.

IV. — LES CADRES DE LA RÉORGANISATION

Ces questions comportent un dernier mot sur les cadres nécessaires à l'organisation de la nation. Sans parler des Gouvernants, sur lesquels il y aurait trop à dire, ni de l'Eglise, qui a seule qualité pour s'organiser, ces cadres comprennent notamment : *les officiers, directeurs de la défense ; les directeurs du travail ; les éducateurs moraux et scientifiques.*

Les officiers chargés d'assurer la défense, sans laquelle la production est impossible, sont indignement traités par la société moderne. L'officier ne s'improvise pas, et sa mission exige *des qualités morales* et *un désintéressement* qui le rendent impropre à la lutte pour le gain ; la nation lui doit une *existence honorable* et une *retraite assurée.* Aujourd'hui, un officier reçoit moins de 290 francs par mois ; c'est une honte pour notre époque, quand on voit passer dans les rues des voleurs étrangers gorgés d'or. Une loi s'impose sur la condition des officiers, leur assurant le minimum nécessaire à une existence honorable. Que l'on ne dise pas qu'il n'y a pas d'argent : le gouvernement a laissé voler plus de 40 milliards à la nation, en vingt ans, au profit de l'étranger ; il en reste bien quelque chose dans la poche des complices. Il faut aussi des emplois civils, des emplois coloniaux, pour faciliter l'avancement et donner une occupation honorable à ceux dont les aptitudes ne sont plus en rapport avec leurs fonctions. Il faut enfin entourer l'admission au grade d'officier de conditions telles, que l'épaulette ne s'égare pas sur des épaules incapables ou indignes.

Les directeurs du travail, qui sont aujourd'hui obligés de passer sous les fourches caudines du capital et du crédit, pourront, *avec le crédit populaire*, associer leur sort aux soldats de l'armée du travail et marcher avec eux à la conquête de l'avenir. Il faut, à tout prix, faire cesser l'équivoque qui a amené la lutte des classes entre les différents degrés du travail utile ; car une armée sans chefs est vouée à la défaite, elle n'est qu'une horde de braillards et de pillards.

Le rôle des éducateurs n'est pas moins considérable. La science est la force ; l'éducation technique et professionnelle, remplaçant l'usine à fonctionnaires d'aujourd'hui, est un des grands problèmes de demain. La partie morale devra y tenir sa place dominante ; les lois sont impuissantes contre les mœurs. Je suis partisan de la liberté, mais de la liberté réelle, non pas des mots abritant des sectaires.

V. — Les Relations Internationales

L'alliance russe, au sujet de laquelle je ne suis pas suspect, est devenue un cliché à l'aide duquel les malins font leurs affaires ; ainsi que pour le mot *patrie*, il serait bon de définir.

Pendant la discussion sur les blés, les libre-échangistes, pour défendre leurs spéculations, ont parlé de l'alliance russe. Il fallait pour cela une certaine audace. Nos questions intérieures ne regardent pas l'étranger ; il faut avant tout à la France du blé et des hommes ; son alliance n'a de valeur qu'autant qu'elle est forte et riche ; la terre seule peut lui fournir tout cela. Nous ne serons jamais qu'un marché restreint pour les blés russes. C'est pourquoi le traité russo-allemand n'a pas d'importance. Les Russes doivent vendre leur blé quelque part ; tant mieux si les Allemands l'achètent. Ces derniers ne peuvent pas nourrir leur population, et l'empereur, pressé d'argent, est forcé de satisfaire les détenteurs du crédit pour s'en procurer ; il est donc obligé d'acheter du blé où il y en a et de satisfaire ceux qui ont de l'argent.

Une alliance ne consiste pas en quelques lignes écrites sur du papier ; elle consiste dans une action prolongée et commune. C'est un *modus agendi*. Nos intérêts sont et resteront les mêmes que ceux des Russes, parce qu'ils sont et resteront contraires à ceux de l'Angleterre. La stabilité de la politique russe influera peut-être sur la politique extérieure française,

Nous pouvons aider les Russes en Asie ; ils peuvent nous aider dans la Méditerranée. La Méditerranée doit être aux Latins, aux Slaves et aux Musulmans. Les Anglais n'ont politiquement rien à y faire : on leur permettra de venir s'y soigner ; mais, pour le reste, la mer aux riverains.

La nation française, émiettée, a besoin de s'appuyer sur des peuples et des institutions qui grandissent. Les Slaves et l'Islam sont dans ce cas. Encadrée par ces soutiens, la France reprendra, à l'extérieur, la stabilité dans l'action ; elle pourra, par le travail, l'association et la liberté, refaire, à l'intérieur, ses institutions, ses mœurs et ses lois.

Le fait le plus curieux, en ce qui concerne les relations entre la France et l'Italie, est que ces deux pays, bien que

gouvernés par la Franc-Maçonnerie et ayant des intérêts
analogues, se font la guerre au profit de l'Angleterre. C'est
la preuve la plus péremptoire de l'action directrice de
l'Angleterre sur l'organisation actuelle de la Franc-Maçonnerie. Dans ce duel entre les deux puissances que tout
devrait réunir, la France a été roulée avec le concours des
Rothschild.

Je cite à ce sujet un passage du discours prononcé à
Dronéro, le 19 octobre 1893, par M. Giolitti. Les événements dont il parle se passaient au moment où Rothschild, MM. Magnin, Léon Say et autres ministres des finances faisaient sortir de France, *sans prime, un milliard
d'or*. L'homme d'Etat italien dévoile le mécanisme de
quelques jolies opérations :

> En 1881, dit-il, nous nous sommes fait l'illusion d'avoir résolu
> la question monétaire en Italie en abolissant le cours forcé.
> Ayant contracté un emprunt de 640 millions en or, l'ayant
> importé en Italie et ayant retiré une somme égale de papier,
> nous avons cru le cours forcé aboli et toutes les difficultés
> monétaires éloignées pour toujours.
>
> La chose fut crue aussi à l'étranger, qui nous ouvrit un large
> crédit, dont nous nous sommes servis, malheureusement, non
> pas pour établir des industries utiles ou pour améliorer la
> culture de notre terre, mais pour de folles spéculations urbai-
> nes qui amenèrent une catastrophe épouvantable.
>
> L'illusion d'avoir aboli le cours forcé ne dura pas long-
> temps ; le cours légal du billet de banque, que la loi de 1881
> disait devoir cesser en 1883, ne put jamais être levé.
>
> Le change au pair du papier dura peu, l'or venu en Italie
> par un emprunt ne tarda pas à émigrer, et, après peu d'années,
> nous avons compris que la loi de 1881 n'avait pas servi à
> abolir le cours forcé, mais seulement à fournir l'or courant au
> Trésor pour trois ans.
>
> Cependant, même après l'émigration de l'or venu en Italie
> après l'emprunt, les changes ne montèrent pas au point que la
> balance des payements internationaux aurait rendu inévitable ;

la hausse du change pendant quelques années fut arrêtée *par un moyen mécanique.*

Bien que notre bilan se trouvât en grand déficit et que nous fussions obligés de contracter chaque année une dette considérable, tous ceux qui se sont succédé à l'administration du trésor (*pour retirer d'un mal inévitable le peu de bien qu'il se pouvait*) pourvurent au déficit *en colloquant* à l'étranger des titres et se procurant ainsi la valeur métallique nécessaire pour les payements à l'étranger.

De cette façon, cessait pour le Trésor la nécessité d'acheter de la monnaie étrangère, et il arriva le phénomène singulier qu'au déficit le plus considérable correspondaient presque toujours les cours les plus avantageux du change. Pendant les exercices 1887-1888, 1888-1889, où nous avons le plus emprunté, le change moyen sur Paris fut inférieur à 1 o/o.

Ce moyen mécanique de tenir bas les changes fut une nécessité; mais elle rendit pire notre situation monétaire, etc., etc.

Est-il possible de pousser plus loin le cynisme ? Nous retrouvons encore la main des Rothschild dans ce *moyen mécanique*, qui n'a qu'un défaut : celui de coûter à la France plusieurs milliards.

Un dernier mot sur l'Angleterre, et je concluerai. Je ne veux pas écrire un livre et j'ai hâte d'avoir terminé ; je pense, du reste, que les Français ont de quoi s'instruire avec ce qui précède.

Je crois avoir prouvé que l'Angleterre est notre adversaire. Pour traiter avec elle, il faut se placer *sur le terrain des réalités.* Je vais encore une fois faire ressortir son point faible, où il faudra frapper. La fortune de l'Angleterre repose sur une base factice en réalité, sur un ballon gonflé d'air, qu'un coup bien porté ferait crever.

Le but des Anglais étant *le progrès individuel indéfini* poursuivi d'une façon méthodique, et leur champ d'action augmentant de jour en jour, les paysans, vraie base de

la nation, se sont raréfiés, ne trouvant plus dans l'agriculture une rémunération suffisante pour leurs besoins
et leur goût. La besogne agricole a été confiée à des races
étrangères, rémunérées par des articles fabriqués par les
anciens cultivateurs anglais. Ceux-ci trouvent dans l'industrie et le transport une rémunération supérieure à la
rémunération agricole. Les paysans s'étaient élevés d'un
cran dans l'échelle des salaires ; mais la nation, perdant
pied, n'avait plus de racines.

La nécessité de diriger les populations coloniales et de
mener à bien les innombrables entreprises résultant de
l'esprit d'association a inculqué dans l'éducation anglaise
l'instinct de la discipline, de l'ordre et du commandement. Ils ont *une élite* d'hommes d'action et de direction ;
ce qui leur manque, ce sont les hommes de leur race pour
remplir *les cadres.*

Ils ont d'immenses besoins ; il faut donc les frapper
dans leurs revenus. Encore une fois, l'argent est l'arme de
combat.

VI. — Résumé : un Programme organique

Je le répète : *La révolution nettoiera la maison ; les soldats sauveront la France ; les syndicats et les communes
referont la nation.*

Pas les syndicats d'aujourd'hui. La loi qui les organise
a un vice fondamental : ce sont des syndicats politiques,
et non des syndicats de production. Il faut qu'ils
deviennent propriétaires et producteurs ; tout individu
ou toute association qui produit d'une façon rémuné-
ratrice est dans le vrai économique, et dans le vrai absolu.
En attendant, pendant la crise prochaine, il faudra se
méfier des organisations occultes, des agents de l'Étran-

ger et des mots ; il faut que le peuple, avec son bon sens, étudie la route à prendre et ne suive les chefs du jour que dans la direction qu'il verra lui-même clairement.

Dans l'Etat de demain, après le syndicat, la commune autonome sera l'autre facteur essentiel. Je ne me laisse pas éblouir par les mots : la répression de la Commune après le siège est une honte pour la bourgeoisie. Sauf quelques voleurs et quelques étrangers, les 30,000 morts étaient la fleur du sang de Paris. La grande ville, du reste, ne s'est jamais remise de cette coupe sombre. Je connais beaucoup de combattants de la Commune ; ce sont des révolutionnaires nationaux, ils sont mes amis, et je n'hésite pas à crier : *Vivent les communes de France!*

Je termine par l'exposé rapide de quelques réformes qui, avant l'heure suprême, pourront servir de sujets de réflexion aux *hommes de demain*.

1. La loi de thermidor est rétablie : l'unité de monnaie française est le franc de 5 grammes d'argent à 9/10. Le gouvernement ne garantit aucun rapport de valeur *entre l'or et l'argent*.

2. La mercuriale de l'or et de l'argent sera affichée dans toutes les communes de France et tenue à jour. Cette mesure éclairera les Français sur les questions monétaires.

3. Une partie de l'impôt, fixée d'après les besoins, sera payée en or.

4. La frappe libre de l'argent est rétablie. Des hôtels des monnaies seront fondés dans les principales villes de France. La liberté de crédit est établie ; tout citoyen pourra faire frapper des pièces d'argent et d'or au taux légal ; les hôtels des monnaies et les établissements désignés par la loi pourront délivrer des bons de numéraire payables au porteur, *spécifiant le métal déposé*. Les monnaies divisionnaires seront aux 9/10es.

5. La Banque de France pourra continuer à émettre des billets, en libre concurrence avec les bons métalliques de dépôt. Les régents de la Banque devront être choisis parmi *les industriels, commerçants et travailleurs français; les banquiers faisant les affaires internationales en seront exclus comme concurrents.*

6. Le crédit ouvrier sera établi sous la forme suivante : Tout Français ayant accompli son service militaire a droit à un livret de 5.000 francs. Il aura droit à un livret par personne qu'il a à nourrir. Il n'aura l'usage de ce crédit que *pour un travail déterminé, avec la garantie solidaire de son syndicat ou de son association.* Il sera créé un fonds de réserve commun à tous les syndicats, pour parer aux pertes et à l'amortissement.

7. Une loi sur les associations permettant aux syndicats, sous le régime du droit commun, de produire et de posséder des terres et des immeubles.

8. Constitution des petites propriétés paysannes *incessibles et insaisissables,* dont la superficie sera fixée d'après les régions. La loi sur le crédit ouvrier permettra aux paysans d'acheter la grande propriété, aujourd'hui improductive et destinée à disparaître.

9. Abolition de l'assimilation des pavillons, qui tue notre marine marchande.

10. Constitution de grandes Compagnies coloniales pour l'exploitation de nos colonies. Fin du régime des conquêtes, remplacé par les alliances.

11. Alliance islamique et espagnole.

12. Loi sur l'état des officiers; augmentation de la solde.

13. Grands travaux à l'intérieur. Canal des deux mers, à l'aide du crédit ouvrier par les syndicats.

14. Revision des fortunes mal acquises, et constitution de la caisse du crédit ouvrier.

A l'extérieur, l'ennemi est l'Angleterre ; à l'intérieur, Rothschild et les Juifs sont leurs agents.

Il faut cependant partager les Juifs en deux catégories : ceux qui vivent d'opérations avec l'extérieur, au détriment de la France ; ceux dont les intérêts sont attachés au sol. Les premiers sont à détruire et à chasser ; les autres doivent être *protégés contre leurs instincts d'accaparement* par des lois de décentralisation.

Quant à Rothschild, il faut briser la main mise par lui sur le gouvernement, lui faire quitter la Banque de France, et que sa fortune serve de caisse de réserve à la nation. Il constitue la pierre angulaire de la société moderne, avec 5 milliards d'actif et 15 milliards de crédit, quand, en France, il se fait, par an, 60 milliards d'affaires ; *il est le maître des prix dans le monde.*

Souvenez-vous-en, Français. Souvenez-vous aussi que les questions modernes se résoudront par le fer et le feu et que la partie suprême sera jouée à l'improviste et par trahison. Ne comptez pas sur une direction qui n'existe pas, et préparez-vous à défendre la France.

Quant à moi, j'ai fait mon devoir aujourd'hui ; je chercherai à le faire demain....

MORÈS

MARSEILLE. — IMPRIMERIE MARSEILLAISE, RUE SAINTE, 39.

183

www.ingramcontent.com/pod-product-compliance
Lightning Source LLC
Chambersburg PA
CBHW071450200326
41519CB00019B/5689